内蒙古自治区社会科学基金后期资助项目

红山文化考古发现与研究一百年丛书

以玉示礼

· 马海玉／著

内蒙古人民出版社

图书在版编目（CIP）数据

以玉示礼 / 马海玉著 . -- 呼和浩特：内蒙古人民出版社，2024.9
（红山文化考古发现与研究一百年丛书）
ISBN 978-7-204-17076-0

Ⅰ．①以… Ⅱ．①马… Ⅲ．①红山文化－古玉器－研究
Ⅳ．① K876.84

中国版本图书馆 CIP 数据核字（2022）第 002525 号

以玉示礼

本册作者	马海玉	
策划编辑	王　静	
责任编辑	杜慧婧	
封面设计	刘那日苏	
出版发行	内蒙古人民出版社	
地　　址	呼和浩特市新城区中山东路 8 号波士名人国际 B 座 5 楼	
网　　址	http：//www.impph.cn	
印　　刷	内蒙古恩科赛美好印刷有限公司	
开　　本	710mm×1000mm　1/16	
印　　张	10.5	
字　　数	200 千	
版　　次	2024 年 9 月第 1 版	
印　　次	2024 年 9 月第 1 次印刷	
书　　号	ISBN 978-7-204-17076-0	
定　　价	36.00 元	

如发现印装质量问题，请与我社联系。

联系电话：（0471）3946120

丛书编委会

主　　编：孙永刚

副 主 编：马海玉

编　　委：李明华　任君宇　乌　兰

　　　　　刘江涛　刘　颖　常经宇

　　　　　林　杨　周午昱　张　颖

　　　　　李丹阳

总　序

　　2021 年是红山文化发现 100 周年，也是中国现代考古学诞生 100 周年。1921 年 6 月，瑞典地质学家安特生等赴奉天省锦西县（今辽宁省葫芦岛市）一带勘查煤矿时，发现了位于辽西地区的沙锅屯遗址。他们对该遗址进行了发掘和测绘，意识到这可能是一处新石器时代遗址。遗址出土的贝环和红地黑彩的彩陶片与河南仰韶村出土的遗物颇为相似。后来的考古发现和研究表明，沙锅屯遗址发掘的新石器时代遗存至少属于两种考古学文化，即红山文化和小河沿文化。沙锅屯遗址被认为是中国近代田野考古史上第一次正式发掘的遗址，它的发掘在中国考古史上具有重要意义，为研究红山文化和中华文明起源提供了宝贵的学术资料。

　　自沙锅屯遗址发掘以来，红山文化研究已经走过了 100 年的历程。在这 100 年中，无数考古学者为红山文化研究呕心沥血，取得了丰硕的成果。1906—1908 年，日本人鸟居龙藏多次深入内蒙古东南部和热河地区（包括今河北省、辽宁省、内蒙古自治区部分地区）进行考察，对赤峰英金河畔的几处新石器时代文化遗址进行了调查，并于 1914 年发表了《东蒙的原始居民》一文，首次向学术界揭示了西拉木伦河流域史前文化遗存的存在。1930 年，我国著名考古学家梁思永在完成黑龙江昂昂溪遗址的发掘后，对英金河两岸和红山后进行了考古调查，并撰写了考古报告《热河查不干庙林西双井赤峰等处所采集之新石器时代石器与陶片》。1935 年 5 月，日本东亚考古学会滨田耕作、水野清一等人对赤峰红山后的第一、第二住地址进行了发掘，并于 1938 年出版了发掘报告《赤峰红山后》，提出了"赤峰第一期文化"和"赤峰第二期文化"的概念，向世界宣布了赤峰红山后新石器时代人类遗存的重要发现。20 世纪 40 年代，裴文中先生提出，红山后是北方草原细石器文化与中原仰韶文化在长城地带接触而形成的"混合文化"。1954 年，中国著名考古学家尹达在编写《中国新石器时代》一书时，根据梁思永先生的意见，对这一文化进行了专门论述，并正式将其命名为"红山文化"。1956 年，裴文中先生和吕遵谔先生带领学生对红山文化遗存进行了调查和试掘，获得了大量重要的实物标本，并对《赤峰红山后》中的一些错误结论进行了更正。20 世纪 80 年代以后，红山文化研究取得了突破性进展，苏秉琦、杨虎、刘观民、张忠培、严文明等考古学家对红山文化研究给予了高度重视。内蒙古文物考古研究所、中国社会科学院考古研究所内蒙古工作队、吉林大学考古学系、赤峰学院等机构在内蒙古和辽宁地区开展了一系列红山文化考古发掘和研究工作，推动了红山文化研究的国际交流与合作，使红山文化研究走向了世界。

　　近 30 年来，赤峰学院在红山文化研究领域取得了显著成就。一是成功举办了 3 次国际学术研讨会和 12 次高峰论坛，有效提升了红山文化的国内外影响力。具体而言，1993 年、1998 年和 2004 年，在赤峰市举办了 3 届中国北方古代文化国际学术研讨会。2006—2017 年，连续 12 年举办红山文化高峰论坛。二是出版了 10 部会议论文集，包括 3 部《中国北方古代文化国际学术研讨会论文集》、2 部《红山文化高峰论坛专辑》和 5 部《红山文化高峰论坛论文集》。三是创办《红山文化研究》专辑，至今已连续出版 8 部。四是出版了多部专著、译著，包括《红山文化与辽河文明》《西辽河流域早期青铜文明》《古代西辽河流域的游牧文化》《红山文化概论》《红山玉器》《西辽河流域史前陶器图录》《西辽河流域考古时代自然与文明关系研究》《西辽河上游考古地理学研究》《辽西地区新石器时代植物考古研究》《红山古国研究》《赤峰红山后：热河省赤峰红山后史前遗迹》（中译本）等。此外，赤峰学院研究人员在红山文化研究领域发表了 100 余篇学术论文，充分展示了红山文化研究成果。2019 年以来，赤峰学院先后获批内蒙古红山文化研究基地、内蒙古红山文化与中华早期文明研究协同创新中心、内蒙古红山文化与中华民族共同体研究基地。目前，赤峰学院在红山文化研究领域已形成了鲜明的特色，成为赤峰市文化研究的一面旗帜。

值此红山文化发现 100 年之际，赤峰学院编写了"红山文化考古发现与研究一百年丛书"，旨在系统总结红山文化考古发现与学术研究成果，进一步深化对中华文明起源和发展的认识。新时代，继续对红山文化遗址进行保护与研究，不仅是深入挖掘与弘扬中华优秀传统文化的重要实践，而且对增强文化自信具有重要意义。红山文化所蕴含的中华文明的核心基因，深刻展现了中华文化的连续性、创新性、统一性、包容性、和平性，是全人类共同的精神财富。因此，挖掘、整理、研究、保护和传播红山文化不仅是我们的责任，也是我们应尽的义务。

"红山文化考古发现与研究一百年丛书"编写组

2021 年 12 月

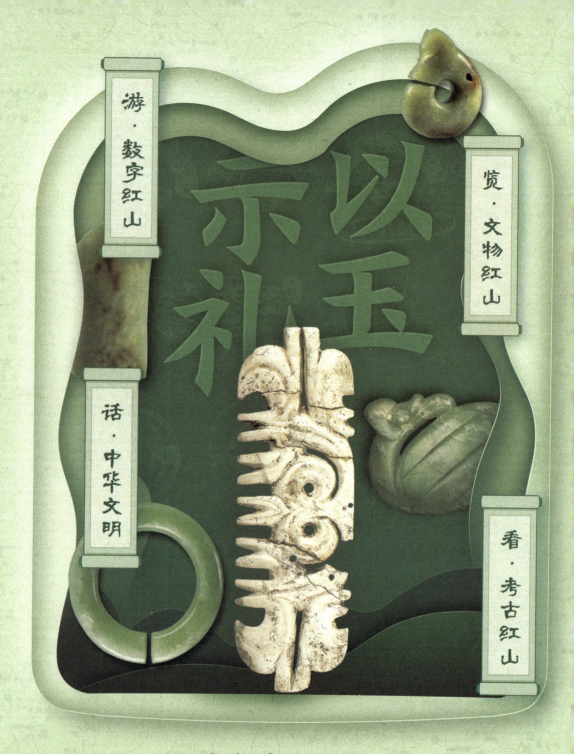

以玉示礼

游·数字红山

览·文物红山

话·中华文明

看·考古红山

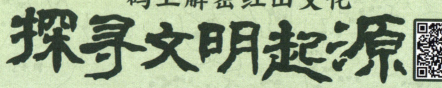

码上解密红山文化
探寻文明起源

目录

第一章　石破天惊 / 001

一、筚路蓝缕　/ 001

二、硕果累累　/ 009

三、独具匠心　/ 030

第二章　分门别类 / 034

一、几何类　/ 034

二、动物类　/ 057

三、生殖类　/ 070

四、工具类　/ 073

第三章　物尽其用 / 075

一、通天——几何类玉器　/ 075

二、奉神——动物类玉器　/ 082

三、崇祖——生殖类玉器　/ 087

四、敬宗——工具类玉器　/ 089

第四章　鬼斧神工 / 092

一、切割成坯　/ 092

二、钻孔成型　/ 097

三、雕琢成器　/ 103

四、抛光成品　/ 111

第五章　源远流长 / 114

一、追根溯源　/ 115

二、奔流不息　/ 126

第六章　文明初现 / 137

一、玉鸟的王国　/ 137

二、玉兵的世界　/ 142

三、玉礼的时代　/ 147

后　记　/ 155

第一章　石破天惊

一、筚路蓝缕

赤峰因英金河畔的赭红色山峰（即"红山"）而得名，红山因其得天独厚的地理环境孕育了厚重而丰富的史前文明。1908 年，日本人鸟居龙藏在内蒙古东南部林西县和赤峰县（今赤峰市）英金河畔调查时，采集到了新石器时代的陶片和石器标本，为红山文化的发掘拉开了序幕。从 1921 年瑞典地质学家安特生发掘锦西砂锅屯遗址，红山文化彩陶惊艳现世到 2021 年的 100 年，不仅是红山文化发现与研究 100 年，也是中国考古学诞生的 100 年。红山文化玉器在百年内声名鹊起，从零星发现、不被国内外学者熟悉到举世瞩目、为世人所熟知，这些离不开考古工作者的不懈努力。从研究历程来看，红山文化玉器研究大致可以分为初始期、突破期、高峰期、深化期四个阶段。

1. 初始期（1921—1970 年）

这一阶段，红山文化玉器主要是零星发现，多地表采集或施工所得，没有经过系统的考古发掘，也不被国内外学术界所关注，是红山文化开始走入国内外学术界视野的阶段。20 年代至 40 年代末，以国外学者的发现研究为主；50 年代开始国内学者在进行调查发掘的基础上，有了一定的研究。

20 世纪 20 年代，调查发现主要以国外学者为主。1921 年瑞典考古学家、地质学家安特生等人发掘了锦西沙锅屯洞穴遗址 [1]，发现了红山文化和小河沿文化的遗物，虽然没有发现玉器，但红山文化彩陶的发现却令人瞩目。1922—1924 年间，法国考古学家桑志华、古生物学家德日进多次在赤峰地区调查，发现多处新石器时代遗址，其中包括赤峰红山遗址群。20 世纪 20 至 30 年代是目前可知最早的红山文化玉器出土时间，当时日本人在辽西一带修建锦承铁路时出土了部分玉器，这些玉器大多流失于民间或海外，不知所终。[2]

20 世纪 30 年代开始，中国学者开始参与考古调查。1930 年，梁思永先生到赤峰、林西等地的古遗址进行调查，采集了大量的遗物，其后著有《热河查不干庙、林西、双井、赤峰等处所采集之新石器时代石器与陶片》一文，这是中国学者首次在内蒙古赤峰地区开展田野考古工作写成的著作，也是内蒙古东部地区开展考古学文化研究工作的开端。1935 年，东亚考古学会的学者滨田耕作、水野清一、赤倔英三等发掘了赤峰红山地区史前遗址及墓葬，出土了彩陶等遗物，获得了一批重要的考古学文化实物标本，其后著有《赤峰红山后》一书，书中将发现的遗存命名为"赤峰第一期文化""赤峰第二期文化"。此后至 20 世纪 50 年代前，

1　安特生：《奉天锦西县沙锅屯洞穴层》，《古生物（丁种第 1 号第 1 册）》，地质调查所，1933 年。

2　郭大顺：《中华五千年文明的象征——牛河梁红山文化坛庙冢》，辽宁省文物考古研究所编，《牛河梁红山文化遗址与玉器精粹》第 1—48 页，文物出版社，1997 年。

红山文化的研究基本是根据《赤峰红山后》一书所公布的材料，但是对红山文化重要性的认识，国内外学者已达成广泛的共识。

20 世纪 50 年代，国内学者逐渐认识到红山文化是一种崭新的考古学文化。早在 1947 年，裴文中先生就在《中国细石器文化概说》一文中提出"林西期""赤峰期"，并认为"赤峰期"是北方草原细石器文化同中原仰韶文化在长城地带接触形成的"混合文化"。1954 年，尹达先生在《中国新石器时代》一书中首次将"赤峰第一期文化"更名为"红山文化"[1]，强调红山文化对于研究长城南北新石器时代文化遗存关系的重要作用。1956 年，北京大学考古系师生对红山前三个地点和红山后一个地点进行了调查和试掘[2]，出土了一部分重要的实物标本，通过这批实物遗存对《赤峰红山后》一文进行了纠错，丰富了红山文化研究材料，提高了对红山文化和红山文化遗址群的认识。20 世纪 60 年代以来，陆续发掘的赤峰蜘蛛山、西水泉、敖汉四棱山等遗址，进一步丰富了红山文化内涵。赤峰蜘蛛山遗址的发掘明确了红山文化、夏家店下层文化、夏家店上层文化和战国至汉初文化四种不同文化时期遗存的年代发展序列。西水泉遗址发现的一座面积约 100 平方米的红山文化大型房址出土了大量石器、陶器、骨角蚌器。

初始期红山文化的发现主要集中在彩陶上，人们对于玉器关注度不高。关于红山文化玉器仅在国内外出版物中有零星著录，对玉器的研究一般断代为商周时期甚至更晚[3]，这种状态基本持续到 20 世纪 70 年代赤峰市翁牛特旗三星他拉等遗址中一批玉器的

1　尹达：《中国新石器时代》，三联书店，1955 年。

2　吕遵谔：《内蒙古赤峰红山考古调查报告》，《考古学报》1958 年第 3 期。

3　邓淑苹：《谈谈红山系玉器》，《故宫文物月刊》总 189 期（1998 年 12 月），第 70—96 页。

出土。

2. 突破期（1971—1980 年）

突破期以赛沁塔拉"C"形玉龙的发现为标志，赛沁塔拉"C"形玉龙的出现可谓石破天惊。通过对赛沁塔拉等遗址一批出土玉器的研究，红山文化玉器的文化属性因此得以确定。此阶段的考古发现主要集中在辽宁西部和内蒙古东南部几个地区。

1971 年，赤峰市翁牛特旗文化馆征集到一件墨绿色的"C"形玉龙，高 26 厘米，蜷曲如弯钩，吻部前突，有并排两个细小鼻孔。眼睛似凸起菱形，眼尾细长上翘，头部和下颚饰以规整细密的菱形网纹。脖、脊处有长鬣。龙身中部有一对穿小孔，以绳悬挂时龙首龙尾处于同一平面。据发现者讲，该玉龙发现于赛沁塔拉村北山坡耕地，为农民耕地时所得。[1]孙守道先生于 1984 年《三星他拉红山文化玉龙考》一文中首次提出将"C"形玉龙归为红山文化玉器。然而随着资料的不断丰富和研究的持续深入，关于"C"形玉龙的文化归属饱受质疑，有学者认为属于红山文化，有学者认为属于赵宝沟文化，但无论如何，绝大多学者都认为这件玉器属于史前，这对于红山文化玉器研究具有里程碑式的意义。

翁牛特旗赛沁塔拉遗址"C"形玉龙发现不久后，1973 年辽宁省阜新市文物站收集到一批玉勾云形器、玉鸟等玉器，并得知这批玉器出土于阜新蒙古族自治县胡头沟村河边一座被洪水冲出的古墓中。根据研究结果，该墓葬为红山文化时期墓葬。随葬品中玉器赫然在列，令人遗憾的是由于被洪水冲出后玉器多被群众取走，玉器的原位置已不详。但之后收集到勾云形佩饰 1 件、玉

1　翁牛特旗文化馆：《内蒙古翁牛特旗三星他拉村发现玉龙》，《文物》1984 年第 6 期，第 6 页。

龟 2 件、玉鸮 2 件、玉鸟 1 件、玉璧 1 件、玉环 1 件、玉珠 3 件、棒形玉 4 件，共计玉器 15 件[1]，这一重大发现对玉器的文化归属和断代起到了一锤定音的作用。[2]

1979 年，辽宁省文物普查训练班在辽宁省朝阳市的凌源县发现了城子山遗址。经过半个月的试掘工作，在三官甸子城子山山顶揭露三座石棺墓，出土的红山文化玉器有勾云形玉饰 1 件、玉环 3 件、马蹄形玉箍 1 件、玉钺 2 件、竹节状玉饰 1 件、玉鸟 1 件、小玉环 1 件、猪头玉饰 1 件，共计玉器 11 件[3]，进一步明确了红山文化玉器的组合特点。

以赛沁塔拉遗址出土的"C"形玉龙发现和研究为突破点，确认了红山文化玉器的内涵，风格独特、精美绝伦的红山文化玉器因此得以初露端倪。此后，随着发掘资料的增多和研究成果的不断公布，红山文化的分布呈现出鲜明的地域性特征，红山文化作为辽西地区的新石器时代文化开始展现出其在中华文明形成过程中不容忽视的重要性，作为研究红山文化时期先民精神生活的重要实物资料——红山文化玉器开始逐渐受到国内外学者的关注。

3. 高峰期（1981—2000 年）

高峰期以东山嘴和牛河梁遗址发掘为标志。特别是牛河梁遗址的发掘使得学者对红山文化晚期玉器造型和工艺等有了更全面的了解。

1　方殿春、刘葆华：《辽宁阜新县胡头沟红山文化玉器墓的发现》，《文物》1984 年第 6 期，第 6 页。

2　孙守道、郭大顺：《论辽河流域的原始文明与龙的起源》，《文物》1984 年第 6 期，第 5—10 页。

3　李恭笃：《辽宁凌源县三官甸子城子山遗址试掘报告》，《考古》1986 年第 6 期，第 497—510 页。

1981 年春，赤峰市巴林右旗博物馆在巴林右旗大板镇那斯台遗址附近共征集和采集到玉器 100 多件，包括玉蚕、玉鸟、玉鸮等。[1] 这批数量众多的玉器虽然由于缺乏明确的叠压打破关系，导致在研究中的价值大打折扣。但是，这次发现的玉器不仅数量众多、种类丰富，而且从空间上看，分布范围向北越过了西拉木伦河。

　　1982 年春，辽宁省博物馆文物队对辽宁省朝阳市喀左县东山嘴遗址进行发掘，发现了一座大型石砌建筑基址，长约 60 米、宽约 40 米，依布局分为中心、前后端和两翼等部分。建筑基址中出土了 1 件鸮形绿松石饰和 1 件双龙首璜形玉饰。[2] 通过对该建筑的基址布局和规格分析之后，认为东山嘴红山文化建筑群遗址为红山文化晚期中心性祭祀遗址。在东山嘴遗址的多个积石冢石棺墓中出土了一批地层关系明确的红山文化玉器，此外还发现了牛河梁女神庙、大型祭祀平台等遗迹，该遗址的发现引发学术界关于红山文化社会文明化程度和中华文明起源的大讨论。[3]

　　1984 年 4 月，辽宁省开展第二次文物普查工作，在辽宁省西部凌源、建平两县交界处发现牛河梁墓地（后更名为牛河梁第二地点，即 N2）。1984 年揭开牛河梁第二地点 1 号、2 号、3 号冢，编号为 N2Z1、N2Z2、N2Z3。1986—1999 年，陆续发掘牛河梁第二地点 4 号冢（N2Z4）、第三地点（即 N3）和第五地点（即 N5）。在牛河梁遗址积石冢内墓葬中出土了大量的红山文化玉器，

　　1　巴林右旗博物馆：《内蒙古巴林右旗那斯台遗址调查》，《考古》1987 年第 6 期，第 507—518 页。

　　2　郭大顺、张克举：《辽宁省喀左县东山嘴红山文化建筑队群发掘简报》，《文物》1984 年第 11 期，第 1—11 页。

　　3　俞伟超、严文明等：《座谈东山嘴遗址》，《文物》1984 年 11 期，第 12—21 页。

这些玉器有明确的出土地点和明确的地层关系，对于红山文化玉器的研究具有极高的学术价值。[1]

1991年5—7月，内蒙古文物考古研究所对赤峰市克什克腾旗南台子遗址上层进行发掘，主要发现了1座房址、30个灰坑和13座墓葬，发掘者认为南台子遗址归属于红山文化，年代比西水泉遗址早，属于红山文化早期阶段。[2]红山文化早期遗址出土的玉器较少，南台子遗址M7属于红山文化早期，出土的2件玉玦是目前仅知的这一阶段通过田野考古发掘获得的玉器，对研究红山文化早期玉器具有重要意义。

这一阶段的发现以牛河梁遗址的发现和发掘为突破点，出土的红山文化玉器代表了红山文化晚期玉器的最高水平。20世纪80年代开始，关于红山文化玉器研究的论文有10余篇，研究主要偏重于概括性介绍、龙形玉器的考证研究、造型工艺的总结及与良渚文化玉器的对比，研究尚停留在表面。20世纪90年代，尤其是20世纪90年代末，以红山文化玉器为题的论文多达40多篇，针对红山文化玉器的研究更加深入。学者们将考古发现与原始信仰相结合，提出红山文化"唯玉为葬"的葬俗特点。红山文化玉器的综合研究和典型研究都有了进一步的深入。综合研究涵盖了玉器分类、鉴定、社会文化、地域类别等方面；典型研究尤以对勾云形玉器、玉猪龙、斜口筒形等典型器物研究最为集中。这一阶段开始关注西辽河流域红山文化玉器与周边地区史前文化出土玉器的关系[3]，对红山文化玉器特征有了进一步的认识。总之，

---

1 周晓晶：《红山文化玉器研究》，吉林大学博士论文，2014年6月。

2 内蒙古文物考古研究所：《克什克腾旗南台子遗址发掘简报》，《内蒙古文物考古文集》第1辑。

3 周晓晶：《红山文化玉器研究》，吉林大学博士论文，2014年6月。

这一阶段的红山文化玉器研究涉及面广、全面开花、成果丰硕。

4. 深化期（2001—2020 年）

进入新世纪后，红山文化玉器研究更注重理论性、系统性，呈现出崭新的面貌。一是继续深入研究之前一些重大课题，进一步深化考古发掘工作，取得了一系列新的研究成果；二是在辽宁、内蒙古、北京召开了红山文化研究学术研讨会。

2002 年牛河梁第十六地点经过继续发掘，从一座大型石棺墓（M4）中首次出土了玉凤和玉人，一种新型高规格玉器组合关系得以展示，对红山文化晚期社会结构和用玉礼俗研究具有重要学术价值[1]。2009 年，在第三次全国文物普查中发现辽宁省凌源县田家沟红山文化墓地，共发现 3 个墓地地点，出土玉镯、玉铲、玉蚕等红山文化玉器，这批玉器对红山文化玉器的分期等研究有重要的研究价值[2]。2014—2016 年对半拉山墓地进行了发掘，在发掘面积约 1600 平方米的范围内共清理墓葬 78 座、祭坛 1 座、祭祀坑 29 座，出土玉器 140 余件，进一步丰富了人们对于红山文化玉器的认识。

2001 年 5 月在辽宁省沈阳市召开的"中国古代玉器与传统文化学术研讨会"、2001 年 5 月中国文物学会玉器研究委员会在北京大觉寺举办的第三届"中国玉文化、玉学学术研讨会"、2004 年 5 月在辽宁省大连大学召开的第四届"中国玉文化、玉学学术研讨会"将原始信仰作为史前时期玉器研究的背景，为解读红山文化玉器开辟了新的切入点。2004 年 7 月在内蒙古赤峰召开的第三届"中国北方古代文化国际学术研讨会"上，玉器研究再次成为最大的亮点。2006—2017 年，赤峰市连续举办 12 届"红山文

1　刘国祥：《红山文化研究》，中国社会科学院博士论文，2015 年。

2　周晓晶：《红山文化玉器研究》，吉林大学博士论文，2014 年 6 月。

化高峰论坛"。以玉器研究为主题的学术研讨会对红山文化玉器的研究起到了重要推动作用，学者们对红山文化玉器研究逐步向多角度、多层次、多学科扩展，极大提升了红山文化玉器研究的广度和深度。2015 年辽宁师范大学主办的"五千年文明见证——红山文化与中华文明学术研究会"以及 2019 年辽宁省文物考古研究院和辽宁省博物院共同主办的"又见红山"玉器展，云聚了海内外诸多专家学者。很多红山文化精品玉器以图片或实物形式惊艳亮相，博得一片喝彩声。系列学术会议的召开，使得人们对红山文化玉器认识更加系统、更加全面深刻。

一百年来，红山文化玉器发现从无到有，从石破天惊到举世瞩目。红山文化虽然在历史的长河中已然消失，但红山文化玉器并没有随着古国兴衰、朝代更替而消失，而是发展成为中华文化重要组成部分。深入推进红山文化玉器研究是一项长期而艰巨的任务，如何在已有的红山文化玉器研究成果基础上，建立红山文化玉器研究资料库？如何对红山文化玉器进行多学科、多角度研究？如何深入论证红山文化玉器在中华文化发展、中华文明起源等过程中的重要作用，依然任重而道远。

二、硕果累累

在 20 世纪 20 年代至 30 年代，辽西地区已经陆陆续续发现一些红山时期的玉器，只是当时没有明确的认识，将这些玉器断代为商周时期，或者是比商周更晚。在 20 世纪 70 年代末期，赛沁塔拉等地出土的一批玉器，引发了一些考古学者们深入思考，并将这些玉器归属于红山文化。1981 年 12 月 8 日，在杭州召开的中国考古学第三次年会上，研究红山文化的专家孙守道、郭大顺两位先生的论述激发了学者们对红山文化玉器研究的兴趣，由此，学者们开始对红山文化玉器进行多方面的研究，并取得了一系列研究成果。

1. 玉器分类研究

刘淑娟先生的论述是目前可以查阅到的较早的对于红山文化玉器类型分门别类的研究。刘淑娟先生将红山文化玉器分为玉猪龙、勾云形玉佩、玉箍形器、玉璧、玉联璧、玉鸟、玉鸮、玉鳖、玉蝉、三孔玉饰、兽面纹 Y 形器、钩形器、双龙首玉璜、鱼形饰件十三大类，除此外还有一些小型耳饰等。[1]

杨伯达先生对于红山文化玉器的分类与刘淑娟先生不同，他将红山文化玉器分为玉勾龙、兽面 Y 形器、玉兽头玦、勾云形玉佩、双猪首三孔玉饰、内圆外方器、马蹄形箍、联璧、玉鸟、玉燕、玉鸮、玉鹰、玉猪、玉鳖、玉蝉共十五大类，认为多数红山文化玉器都经过了夸张变形的创作。[2]

李恭笃、高美璇两位先生将红山文化玉器分为玉龙、玉佩、Y 形玉器、马蹄形玉箍几大类，并将红山文化的动物玉器造型看作原始居民的图腾，如玉龙、玉凤、玉龟、玉鸟是作为氏族部落的图腾，玉蝉、玉蚕、玉鱼等是作为氏族当中家庭的图腾，而每个动物都有着对原始居民充满吸引力的地方，比如龟的长寿、鹰捕猎的本领、蚕吐的丝等。[3]

1　刘淑娟：《红山文化玉器类型探究》，《辽海文物学刊》1995 年第 1 期，第 21—34 页。

2　杨伯达：《论中国古代玉器艺术》，《故宫博物院院刊》1995 年。

3　李恭笃、高美璇：《红山文化的玉雕艺术与图腾崇拜》，《辽海文物学刊》1996 年第 2 期。

刘国祥先生认为红山文化玉器是在兴隆洼文化玉器基础之上进行发展壮大,将其分为工具类、特殊类、动物类、装饰类四种,并用数据对红山文化这几种玉器的占比进行了描述,认为箍形器、玉猪龙、勾云形器是红山文化玉器中最典型的三种器型。[1]

周晓晶先生认为红山文化玉器可分为几何造型类、肖生造型类、抽象造型类、其他造型玉器及玉料等。几何造型类玉器包括玦、管、珠、斧、钺、矛、斜口筒形器、璧、联璧、不规则刃边器、镯、环、璜形器、三孔梳背饰、瓦沟纹臂饰、棒锥形器、几何形耳坠共计17型。肖生造型类玉器包括肖生形耳坠、人、人面、凤与凤首、鸟、鸮、龟、鳖、蝉、蚕、蚕蛹、昆虫、其他肖生动物共计13型。抽象造型玉器包括勾云形器、钩刀、带齿兽面形器、简化带齿形器、"C"形玉龙、玦形猪龙、"Y"形猪龙、片状猪龙首、其他抽象动物造型佩共计9型。[2]

郭明先生将红山文化玉镯以牛河梁为例进行详细的分类与统计,重新定义了环和镯的分类标准,并认为其与墓主人的性别有直接的关系。[3]

2. 器物造型研究

器物造型方面,有两个突出特点:一是关于"龙"的造型研究始终热度不减,二是关于勾云形佩的造型研究一直争论不休。

第一,最早进入学者视野的是玉龙的造型研究。目前所能寻找到的关于红山文化玉器造型研究最早的文献,就是来自孙守道、郭大顺两位先生的论文。两位先生围绕辽河流域所发现的"龙"

1 刘国祥:《辽西古玉研究综述》,《故宫博物院院刊》2000年第5期。
2 周晓晶:《红山文化玉器研究》,吉林大学博士论文,2014年6月。
3 郭明:《红山文化镯环类玉器分类的再探讨——以牛河梁遗址的发现为例》,《红山文化研究》第7辑。

形玉器的造型演化和用途进行了研究与论证,认为红山文化中"龙"形的造型除了与"蛇"有关,还可能来源于原始农业生活中"猪"的形象,因为"水以龙"等古代文献都将"龙"和"水"放在一起,而"猪"又被认为是"水畜",所以"猪"的形象就演化为了"龙"。[1]此后,郭大顺先生和邓淑苹先生通过叙述古今中外的"鹰熊"形象,来论证红山文化中"鹰"和"熊"组合形象的准确性。[2]

郭大顺先生还对红山文化玉器中"龙"和"凤"两种玉器形象起源进行了简单追溯,提出文化传承的"直根系"这一说法,他认为红山文化玉器中"龙"和"凤"的形象就是中华文化起源的"直根系",是中华文化起源的主干。[3]郭大顺先生又对红山文化玉器中玉人这一类玉器进行了详细的研究和归纳,认为红山文化拥有玉人形象的玉器,虽然出土实例少,大多数是采集,但是红山文化已经具备制作玉人的技术;玉人在红山文化萨满教中起到了作用,并且这种宗教观念在地域上造成了深远的影响。[4]郭晓辉先生对于红山文化玉龙的造型来源看法侧重点与孙守道、郭大顺两位先生不同,郭晓辉先生认为龙文化元素中"蛇"的部分更为重要,"蛇"是大地的象征,是"龙"的源,红山文化三星他拉出土的玉龙虽然头部是猪首,但它的身体无足、无鳞、无爪、无角、无鳍,恰恰就是蛇的形象。根据古代文献判断,"龙"与"水"

1 孙守道、郭大顺:《论辽河流域的原始文明与龙的起源》,《文物》1984年第6期,第11—17转20页。

2 邓淑苹、郭大顺:《"鹰熊拟英雄"的考古学观察》,《吉林师范大学学报》2019年。

3 郭大顺:《龙凤呈祥——从红山文化龙凤玉雕看辽河流域在中国文化起源史上的地位》,《文化学刊》2006年第1期。

4 郭大顺:《红山文化"玉巫人"的发现与"萨满式文明"的有关问题》,《文物》2008年第10期。

的联系出现于汉代以后，而先秦时期的《山海经》中则有大量"人面蛇身"的"龙"作为山神出现的记载，由此判断"龙"一开始与"土地"有关，与农业的发展有关，而三星他拉玉龙的"猪首"则被认为是养猪业发展的结果。[1] 叶舒宪先生梳理了玉龙造型来源的四种说法，认为除了"猪龙"外，玉龙这一大类的吻部、圆耳、圆睛等特征更符合牛河梁遗址中女神庙出土的泥塑"熊"的形象，并且在牛河梁遗址的积石冢当中多次出土过完整的熊类的下颚骨，根据这些证据，判断出红山文化时期有祭熊的传统；并且提出了"鹿龙"的看法，因为红山文化上承赵宝沟文化，赵宝沟文化遗址中出土了许多带有"鹿"神兽划刻纹的器物，而中国龙形象中"角"的形象就来自于"鹿"。[2] 叶舒宪先生还在红山文化玉器的鸮鸟形象方面入手，研究了红山文化原始居民对于鸮鸟的崇拜，并认为1979 年在内蒙古自治区赤峰市巴林右旗巴彦汉苏木那斯台遗址出土的一件"玦形鸟"应当是"龙鸟"，是红山文化龙形凤形玉器共同的起源。[3] 叶舒宪和祖晓伟先生判断"勾云形玉器"实为"鸮形玉牌"，认为其是红山文化先民对"鸮女神"的崇拜，与欧亚大陆一些地区信仰相对应。[4]

杨琳先生通过商代妇好墓中出土的玉龙和《山海经》记载，认为红山文化兽面玉玦就是玉猪龙，并且认为玉猪龙是红山文化

1　郭晓辉：《红山文化玉龙考》，《北方文物》1988 年第 1 期，第 13—14 转 27 页。

2　叶舒宪：《"猪龙"与"熊龙"——"中国维纳斯"与龙之原型的艺术人类学通观》，《文艺研究》2006 年第 4 期。

3　叶舒宪：《红山文化鸮神崇拜与龙凤起源——兼评庞进"凤图腾"》，《文化学刊》2006 年第 1 期。

4　叶舒宪、祖晓伟：《红山文化"勾云形玉器"为"鸮形玉牌"说——玄鸟原型的图像学探源续篇》，《民族艺术》2009 年第 4 期。

原始先民的耳饰。[1] 李新伟先生从原始先民的宇宙天文观念入手研究红山文化玉器造型的内涵，认为鸟负天极、猪龙象征北斗、龟鳖象征宇宙等天文观念是红山文化玉器造型的来源。[2] 颜祥福先生对红山文化出土的玉器、收集的玉器中鸟图腾形象进行了统计，并与传说记载中少昊部落的 24 种鸟图腾相对应，认为红山文化就是少昊的部落。[3]

张星德先生在研究位于西拉木伦河北岸的红山文化海金山遗址时指出，海金山遗址中所出土的勾云形玉佩和角形玉佩的制作工艺分别与三星他拉遗址出土玉龙的"身体""飘鬃式装饰"所对应，并认为其都是红山文化早期所出现的器物，且通过海金山遗址出土的陶器与三星他拉出土的陶器进行了这一观点的论证[4]，还总结出三星他拉玉龙兽首的来源是兴隆洼文化。[5] 张星德先生还从红山文化随葬玉器的变化现象总结了牛河梁红山文化墓葬的变化，认为随葬玉器中玉环和玉镯的变化与墓主人的等级、身份无关。[6]

第二，对于勾云形玉器造型研究一直争论不断。殷志强先生对勾云形玉器进行了辨识，认为其并非是"勾云"，而是"蜷缩的鸟类"，而勾云形玉器周围的勾角是其中心图案的装饰，至于

1　杨琳：《红山文化兽面玦形玉器用途研究》，《第三届中国俗文化国际学术研讨会暨项楚教授七十华诞学术讨论会论文集》2009 年。

2　李新伟：《红山文化玉器内涵的新认识》，《中原文物》2021 年第 1 期。

3　颜祥福：《红山文化鸟图腾玉器研究》，《第十一届红山文化高峰论坛论文集》2017 年。

4　张星德：《海金山遗址勾形玉器引发的思考——三星他拉式玉龙年代与文化属性考察》，《文博》2008 年第 2 期。

5　张星德：《重读海金山遗址报告》，《赤峰学院学报》2008 年。

6　张星德：《从随葬镯环类玉器的变化看牛河梁红山文化墓葬的演变》，《红山文化研究》第 7 辑。

目前学界对勾云形玉器各式各样的说法，原因在于观看勾云形玉器时角度的不正确，才导致过多的看法，正确的命名应该是"蜷体鸟兽形玉器"[1]。杨伯达先生结合古籍中对中国传说时代黄帝的有关记载，认为勾云形玉佩是基于红山文化原始居民对"云神"的崇拜而制作出的玉器，因为红山文化原始居民要祈求"云神"降雨来使作物生长茂盛，这和古籍中记载黄帝官名皆以云命相契合。[2]刘国祥先生对红山文化勾云形玉器作出了造型背景、内涵、功能等方面的阐明，根据勾云形玉器之间的特征，将其分为五个大类，并通过观察研究，发现基本都包含小凸和勾角两种构造，判断红山文化勾云形玉器并不是一般的用途，而是在传统宗教方面起作用，又根据红山文化与兴隆洼文化、赵宝沟文化的联系，判断小凸和勾角是来源于鹿的角和猪的獠牙，是这两种实物形态的艺术化再现。[3]王苹和刘国祥两位先生还认为龙的起源来自东北地区，并根据兴隆洼文化、赵宝沟文化、红山文化划分了时期，认为"玉龙"形象的出现与旱作农业有关。[4]孙力与齐伟两位先生认为勾云形玉器的原型取自于"鹰"，并作出了详细的解释，认为其在漫长的发展中，逐渐吸收其他元素，最后成为一种图腾符号。[5]郭明先生对勾云形玉器进行了非常系统的研究论述，首先认为勾云形玉器的造型来源是多样的，包括"卷云""凤鸟""玫瑰"

1　殷志强：《红山文化勾云形玉器构成辨识》，《第九届红山文化高峰论坛论文集》。

2　杨伯达：《黄帝受命有云瑞 夷巫事神琢瑞云》，《故宫博物院院刊》2008年第 1 期。

3　刘国祥：《红山文化勾云形玉器研究》，《考古》1998 年第 5 期。

4　王苹、刘国祥：《从考古发现看辽西地区龙的起源》，《四川文物》2014 年。

5　孙力、齐伟：《从红山文化鹰图腾崇拜看勾云形玉佩礼器功能的演变》，《辽宁省博物馆学术论文集第 3 辑》2009 年。

等多种造型来源的变形；其次认为功能方面也是多种结合，是集装饰、权力象征、神器等多种功能于一身的。[1]周晓晶先生对于红山文化玉器中的独有器型——勾云形玉器相关的研究理论进行了梳理，根据勾云形玉器的特征分了六种类型，随后对于勾云形玉器的造型来源研究进行了整理，大致分了四种，第一种是云气说，第二种是旋目神面说，第三种是玫瑰花说，第四种是动物说，包括"龙""凤""鹿角""野猪獠牙""饕餮神兽"还有"鹰""鸟"等。周晓晶先生对于勾云形玉器的造型来源新看法是，位于东北地区的红山文化所崇尚的萨满教中"巫师"在通过药物与"神灵沟通"的过程中所产生的眩晕和幻视是产生勾云形玉器外形的来源。[2]周晓晶先生通过民族资料和考古学研究的结合，将红山文化出土的玉器置于原始时期萨满教为背景的条件下，对玉器在萨满教仪式中起到的作用进行了分类。第一种动物型玉器及玉人等写实性玉器是作为萨满在仪式中助神所使用的，第二种玉龙等以现实为基础进行夸张结合的玉器是宗教仪式之后形成的代表，第三种勾云形玉器等完全抽象而形成的玉器是萨满在仪式中通过药物通神时看到幻象的记录，第四种工具型玉器是萨满日常所使用或表示身份的存在。[3]

第三，其他玉器造型研究也有新成果。郭大顺先生对红山文化玉器中虎形玉牌饰进行了多方面的研究，对中国古代的虎形象器物进行了概述，并从人兽组合方面讨论了中国文明起源及四神

1 郭明：《试析红山文化的勾云形玉器》，《考古与文物》2008年第5期。

2 周晓晶：《红山文化玉勾云形器研究回顾及新探》，《鞍山师范学院学报》2004年第1期。

3 周晓晶：《红山文化玉器的创新理念与使用功能研究》，《辽宁省博物馆馆刊》2006年。

形象的传播。[1]华玉冰先生把红山文化玉璧分为甲乙丙三类，根据其在墓葬中摆放方位进行了统计，对于玉璧的内涵进行了分析，认为其是"蛇"的造型，并根据《山海经》中的记载进行了一系列论证。[2]孙力先生将Y形器、石雕人头像、玉蛇形坠等归纳为了玉猪龙的变体。[3]

3. 玉器功能研究

关于红山文化玉器功能用途的猜测，早在1983年7月辽宁省朝阳市喀左县召开的东山嘴遗址座谈会上，就有考古学家猜测东山嘴遗址出土的玉器用途与东山嘴遗址的祭祀属性有关。[4]

孙守道和郭大顺两位先生最先对红山文化玉器的功能进行了研究，首先认为红山文化玉器为非实用器，以玉猪龙（即兽型玉）为例，说明了红山文化玉器制作已经趋于规范化，并推测部落中主持祭祀活动的部落首领由原来的主持仪式到后来借仪式代天施命，原本作为神灵信物的玉器也逐渐成为权力的象征，也由此出现了按照等级来使用玉器、按照等级来陪葬玉器的现象，认为这可能就是"礼"的雏形，是标志着原始氏族公社走向解体、阶级社会出现的时代特点。[5]郭大顺先生还对于红山文化墓葬中只随葬玉器，基本不随葬陶石器，"唯玉为葬"的现象做出了阐释，认为"玉"和"礼"有着密切的关系，但在诸多史前文化所出土的礼器中，只有红山文化独以玉器为礼器，而排斥其他礼器，说明

1　郭大顺：《红山文化虎形玉牌饰及相关问题》，《吉林师范大学学报》2018年。
2　华玉冰：《红山文化玉璧寓意管窥》，《第九届红山文化高峰论坛论文集》。
3　孙力：《浅说玉猪龙的异体》，《红山文化研究》第7辑。
4　余伟超、严文明等：《座谈东山嘴遗址》，《文物》1984年第11期，第12—21页。
5　余伟超、严文明等：《座谈东山嘴遗址》，《文物》1984年第11期，第12—21页。

红山文化原始居民在表达人与人关系变革时更注重"精神因素远在物质财富因素之上"。其次,郭先生从牛河梁遗址墓葬中出土的玉器数量和造型方面进行了研究,认为红山文化玉器不仅用于区别等级,根据其造型特点与牛河梁遗址发现的类似明清天坛的圜丘及祭坛,以及古代文献中"以玉示神"的记载,认为红山文化玉器是红山居民用来"通神"的工具。[1]

田广林先生认为中国早期玉器的原始功用是直接服务于宗教礼仪生活,红山文化的玉器与兴隆洼文化玉器一样,都是当时社会政教礼仪生活的产物。以玉为神、以玉礼神和以玉别人是红山诸文化玉器的三大基本功能。[2]

于建设先生认为玉器用于祭祀是红山文化的一大特征,所包含的文化内涵也极为丰富。首先是璧类器,因其圆形像天,多为祭天之礼器。其次是箍形器,因其为两头通透的筒状以及出土位置毫无例外都处在逝者头部上方,被认为具有通天的象征。[3]

张星德先生认为按照传统方法红山文化玉器一般被大致分为三大类,但是,由于它们都不是人们在日常生活中可以随意挂带的,只有在祭祀、丧葬等特殊场合能够使用,因此如果以使用来进行分类的话都应当属于祭祀用器或宗教用器。因为这类用器已经成为人们用作别身份、分尊卑的外在形式,其形态和使用方式都具有了一定的稳定性而具有了礼器的性质,所以我们说红山文化礼

1　郭大顺:《红山文化的"唯玉为葬"与辽河文明起源特征再认识》,《文物》1997 年第 8 期,第 20—26 页。

2　田广林:《中国北方西辽河地区的文明起源》,东北师范大学博士论文,2003 年 4 月。

3　于建设等:《红山文化与中华文明》,中国社会科学出版社,2019 年。

始于祭。[1]

刘国祥先生认为红山文化玉器的使用功能具有双重性。其一，墓主人生前用具。主要依据是几乎所有红山文化玉器上都见钻孔，供佩戴所用，直接佩戴在墓主人身上或者间接穿绳佩戴、坠挂，且红山文化玉器绝大多数钻孔上有清晰的磨损使用痕迹；其二，墓主人死后随葬，具有标志墓主人生前等级、社会地位、身份的功能。[2]

杨伯达先生认为红山文化玉器有四种功能：一是玉器的生产功能，同意"玉兵时代"的看法；二是玉器的装饰功能，即用来装饰；三是认为玉器和宗教方面有关，起到图腾、祭祀等作用；四是用玉器的产生来区分阶级，并从红山玉器扩展到良渚玉器、龙山玉器等，普遍认为所有玉器都具有这几种功能。[3]

熊增珑先生从红山文化墓葬埋葬特点的角度去叙述了红山文化玉器的功能，认为红山文化晚期玉礼制度形成，除了随葬玉器作为"礼器"外，玉礼制度对红山文化社会分层的发展也产生了巨大影响。[4]

4. 玉器工艺研究

李恭笃、高美璇先生将红山文化玉器分为三类，一类是生产用的工具；一类是人可以佩戴的装饰品；还有一类是动物型玉器，认为是用来观赏的。从制作方法上又划分了写实和想象两种题材，并通过雕刻工艺对红山文化玉器的传播作出了一些推论，认为红

---

1 张星德：《红山文化研究》，中国社会科学出版社，2005 年。

2 刘国祥：《红山文化研究》，科学出版社，2015 年。

3 杨伯达：《中国古代玉器面面观》，《故宫博物院院刊》1989 年第 1 期。

4 熊增珑：《红山文化墓葬埋葬特点及相关问题研究》，《北方文物》2008 年第 4 期。

山文化玉器的制作方式影响了夏家店下层文化中玉器的制作，甚至在商周时期妇好墓中所出土的玉龙和殷墟龀形玦的身上也有着红山文化玉器的影子。[1]

郭大顺先生认为红山文化玉器可以通神，这是通过玉器的制作技艺方面来体现的。红山文化时期对于玉料的加工已经可以成熟地使用切割成材的技术，但是经过切割的玉器往往棱角分明、十分锐利，而红山文化居民却不利用这一点优势，反而把棱角加工光滑；对于玉器的纹饰，虽然可以雕刻复杂的花纹，但红山文化居民除了动物头部、鸟类羽翅等突出特征的地方进行雕刻外，将其余部分通体抛光，不加其他装饰。他将红山文化玉器装饰特点归为两类，一是用浅圆雕工艺表现动物头部五官，二是在玉器表面磨出"瓦沟纹"进行装饰，这两种工艺都要难于其他雕刻工艺，但却可以对人的视觉产生影响，即在光线照耀下使纹饰时隐时现，突出了玉器通神的神秘感。[2]郭大顺先生还对红山文化玉器的鉴定进行了叙述，以时代特征和文化特征进行了归纳，动物玉器造型多样，在写实的基础上，用简练的雕刻手法使其神似，特有器物是勾云形玉佩、双联及三联的玉璧、马蹄状束发玉箍等，制作工艺都比较简约大气，表面素面无纹，在正面磨出浅沟槽来装饰，可以以此来鉴定红山文化时期的玉器。[3]

杨伯达先生对有关玉器的制作提出了"玉人"说法，即在红山文化时期已经从部落中分离出了专门来制作玉器的人员，并且

1　李恭笃、高美璇：《红山文化玉雕艺术初析》，《史前研究》1987年第3期，第83—88页。

2　郭大顺：《红山文化的"唯玉为葬"与辽河文明起源特征再认识》，《文物》1997年第8期，第20—26页。

3　郭大顺：《辽宁史前考古与辽河文明探源》，《辽海文物学刊》1995年第1期。

从红山玉器的制作痕迹推测"砣具"（一种旋转琢玉的工具）的使用，猜测"砣具"出现的过程和"砣具"的制作用料等问题。[1]
杨先生还对红山文化玉器的用料及用料产地进行了简单的叙述，判断红山文化玉器的原料多是石英石、蛇纹石等类，推测来源于辽宁省南部等地。[2] 从工艺制作方面，他认为新石器时期玉器的制作方法大多是来自磨制石器的制作工艺，如雕刻、磨、锯料、钻孔等，但是玉器的抛光是玉器制作的最后一步，也是重要的一步，磨制石器的制作是不需要这一步骤的；造型方面，受当时生产工具的限制，玉器造型早期多为对大自然中植物和动物的模仿加上图形的结合，在末期出现了一些工具型、武器型的玉器；图案装饰方面，题材要比器型更加抽象、不符现实，题材有人面纹、兽面纹、神徽等，面纹的形式有多种，共同特点是眼睛大得夸张，外形为椭圆形等。杨伯达先生又在新石器时代玉器工艺制作方面，以红山文化为例，通过红山文化玉器的特征、纹饰等，对玉器制作工艺、工具等进行了归纳和论证，将工艺分为切割工艺、钻孔工艺、阴纹工艺、阳纹减地工艺、镂雕工艺，并根据红山文化玉器的镂空等装饰推测"砣机"的存在。[3]

邓聪先生就红山文化玉器的颜色与象征绿色的植物进行了联想和叙述，认为原始先民对于玉器的崇尚不仅仅是玉石的珍贵，还有对植物颜色的崇尚，认为绿色的植物象征着生命力，而红山文化原始居民对玉石的崇尚，就是对植物强大生命力的崇尚，并

1　杨伯达：《中国古代玉器面面观》，《故宫博物院院刊》1989 年第 1 期。
2　杨伯达：《中国古代玉器面面观》，《故宫博物院院刊》1989 年第 1 期。
3　杨伯达：《试论先玉器工艺及玉器工艺之区别与特点》，《考古》2004 年第 10 期。

将中国从古到今玉器颜色的发展划分了三个阶段。[1]

刘国祥先生从玉器的规格大小方面入手研究红山文化玉器的工艺，玉箍形器等器型通常体积较大，个别长度达到 22.5 厘米；而鸟、龟等体积较小，个别长度不足 3 厘米；同种玉器之间大小差距也有大有小，器物表面都抛光，并且同种器物之间的雕琢技法基本是相同的，仅有小部分差异；纹饰种类有刻线纹、凸棱纹、瓦沟纹等，而且纹饰简洁，要求突出神态；牛河梁玉器的钻孔是红山文化玉器的另一个特点。[2]刘国祥、邓聪先生对东拐棒沟的"C"形玉龙制作过程进行了剖析，认为有审玉、勾勒设计和内芯剥取、首尾造型与磨光几个步骤。[3]

席永杰和张国强两位先生通过线切割技术和钻孔技术实验，证明红山文化时期人们已掌握了娴熟的线切割技术和钻孔技术，并认为这种技术对中国和东北亚、东南亚地区玉器制作技术均有一定影响，对研究古代人类工艺技术和科技发展水平有着重要意义。[4]

孙力和王忠华两位先生对于红山文化的另一特殊类型——玉箍形器制作工艺和功能进行了研究。他们通过对马蹄形玉箍的出土位置和其佩戴方式做实验和模拟，认为马蹄形玉箍与通神器物、祭祀用具、占卜用具不同，是一种"发冠"，其束发方式与帝王

1　邓聪：《兴隆洼文化玉器与植物宇宙观》，《赤峰学院学报·红山文化研究专辑》2006 年。

2　刘国祥：《牛河梁玉器初步研究》，《文物》2000 年第 6 期。

3　邓聪、刘国祥：《红山文化东拐棒沟"C"形玉龙的工艺试析》，《中国文物报》2011 年。

4　席永杰、张国强：《红山文化玉器线切割、钻孔技术实验报告》，《北方文物》2009 年第 1 期。

的冠冕类似。[1]

熊增珑和樊圣英两位先生就位于辽宁省朝阳市龙城区召都巴镇大杖子村的半拉山墓地所出土的玉环展开了一系列的研究。质地方面有蛇纹石、透闪石两种，蛇纹石占总数的85.4%；加工工艺方面分辨出单面钻、双面钻两种钻孔方式。[2]熊增珑、叶晓红和樊圣英三位先生还根据半拉山墓地玉璧的出土情况，对玉璧的类型、材质、制作工艺等进行了系统的研究。[3]

英国考古学家霍玺对红山文化玉器的鉴定有以下的看法，首先，红山文化玉器的造型包括：猪龙、人头坠饰、展翅的猫头鹰和一些非猛禽的鸟等；材料方面有三种玉料，一种是深绿色的、半透明的软玉，第二种是灰白色、完全不透明的玉料，第三种是浅绿色的不透明玉料，深绿色的玉料只在辽西地区出现，没有在其他新石器文化中所发现。其次在钻孔方面，霍玺先生进行了详细的归纳，横穿鼻孔、双锥形钻孔、切口孔、8字形孔（连孔）、斜角孔等，其中双锥形钻孔、8字形孔、斜角孔是红山文化特有的，未在别的新石器文化中所出现。[4]

5. 玉器比较研究

孙守道先生在1984年的《文物》上发表了一篇关于红山文化"龙"形玉器的研究，文章开头以商代的玉龙（妇好墓出土）和

1　孙力、王忠华：《红山文化马蹄形玉箍功能摭谈》，《第九届红山文化高峰论坛论文集》，2015年。

2　熊增珑、樊圣英：《半拉山墓地出土玉环及相关问题研究》，《红山文化研究》第7辑。

3　熊增珑、叶晓红、樊圣英：《辽宁朝阳半拉山墓地出土玉璧研究》，《文物》2020年第3期。

4　霍玺：《中国的五件玉人像新石器时代红山文化玉器雕刻形式发展的研究》，《辽海文物学刊》1996年第2期。

赛沁塔拉所出土的玉龙进行对比，并由商代玉龙、二里头陶器龙纹饰一步步倒推，论证赛沁塔拉玉龙属于红山文化，又将赛沁塔拉玉龙与巴林右旗羊场公社出土玉龙、巴林右旗博物馆所征集到的玉龙进行了对比，推测三者之间是成演变关系的序列。[1]

殷志强先生将红山文化玉器与良渚文化玉器两个以玉器著称的文明放在一起进行对比研究，通过玉器种类、玉器纹饰等多方面比较，认为红山玉器风格灵动，而良渚玉器风格深沉，并对红山文化玉龙、良渚文化兽面纹两种虚拟形象的影响作出了推测，认为夏商两代的器物纹饰吸收了这两种形象。[2]

杨伯达先生将几种新石器时代晚期的玉器特点进行了简单的概括，认为红山文化和良渚文化的玉器已经出现了划分阶级的功能，并在晚期出现了玉斧、玉钺；石峁文化出土的礼器都是用黑玉磨制，凸显石峁文化居民注重黑色的崇神观念，并猜测后世所说的"玄"色代表北方就来自于此；在龙山文化分布区也出土了玉璋、玉璇玑、多孔刀等玉器；而在长江、黄河的上游地区，玉文化都不发达；中游的屈家岭文化、大溪文化、凌家滩文化、石家河文化等虽出现了有特殊之处的玉器，但与红山文化、良渚文化无法相提并论。

田名利先生在研究凌家滩文化玉器的过程中，对凌家滩文化玉器文化的来源做出了详细分析，认为凌家滩文化玉器身上聚集了多种文化的影子，其中就受到了东北地区红山文化的影响，为红山文化玉器在后世的传播路线提供了证据。[3]

---

1 孙守道：《三星他拉红山文化玉龙考》，《文物》1984年第6期，第5—10页。

2 殷志强：《红山、良渚文化玉器的比较研究》，《北方文物》1988年第1期，第145—164页。

3 田名利：《凌家滩墓地玉器渊源探寻》，《东南文化》1999年第5期。

刘国祥先生将夏家店下层文化中大甸子遗址出土的玉器在时间上与兴隆洼文化、红山文化的玉器进行了对比研究。认为红山文化玉器虽然在时间上没有和夏家店下层文化有传承发展的关系，但是双方出土的玉器在造型风格和雕琢工艺等方面有着明显的相同性，彼此之间也存在差异，工艺方面红山文化动物玉器线条简洁，突出神态，大甸子遗址出土的动物玉器则纹饰复杂、精美；并且红山文化特有的几种钻孔方式不见于大甸子遗址中所出土的玉器身上；红山文化在动物玉器雕刻方面的浅圆雕也没有出现在夏家店下层文化的遗址中，取而代之的是片状的雕刻方式。在玉器造型方面，红山文化的玦形玉、玉珠数量远少于大甸子遗址中所发现的。玉斧两者相近，玉钺则区别鲜明。动物造型玉器，大甸子遗址只出现了龟、鱼、鸟三种，远少于红山文化的动物玉器类型。还将辽西地区玉器发展分了三个阶段，夏家店下层文化的玉器则继承了红山文化玉器的一些传统。[1] 刘国祥先生还在研究兴隆洼文化居室葬的同时，就兴隆洼居室葬中所出土的玉器和红山文化牛河梁遗址的积石冢所发现的随葬品玉器进行了对比，相较于牛河梁遗址中随葬玉器的阶级区分、祭祀通灵等性质，兴隆洼文化的随葬玉器多属死者生前所佩戴的装饰品，他认为红山文化晚期已经出现了比较完备的玉礼制度，而兴隆洼遗址中的用玉制度应该是红山文化玉礼制度的前身。[2]

吉平先生在研究哈民忙哈遗址所出土的玉器时，与红山文化的玉器进行了简单的对比，首先，随葬器方面，哈民遗址墓葬中出土的玉器都是实用器，与红山文化中非实用器有很大的区别。

1　刘国祥：《大甸子玉器试探》，《考古》1999 年第 11 期。

2　刘国祥 ：《兴隆洼文化居室葬俗在认识》，《华夏考古》2003 年第 1 期。

技术方面两者是不同的技术体系，两者在造型构造表现方面有相当的一致性。[1]

周晓晶先生在将哈民忙哈遗址中出土的玉器与红山文化玉器作比较时认为哈民忙哈的简化带齿形器是受到红山文化的影响而形成的。[2]

李伯谦先生对红山文化、良渚文化、仰韶文化三者随葬的玉器进行了比较研究，主要探讨了玉器数量、组合类型等方面，并作出了宏观视角的总结。[3]

1998年11月23日在中国香港召开的第三届"南中国及邻近地区古文化研究国际学术会议"上，多位国际学者就中国周围几个国家的玉器文化情况进行了叙述，俄罗斯科学院西伯利亚分院考古所的学者科米萨罗夫认为俄罗斯的亚洲东北部分是玉器的起源地之一；日本学者藤田富士夫认为日本的玦饰玉器来源于中国东北及东南；还有学者通过韩国出现大量硬玉材质的勾玉等，将中国东亚认作是玉器的起源中心。[4]

6. 其他研究

关于红山文化玉器所处的时代，孙守道先生提出了"玉兵时代"这一说法，他认为红山文化出土玉器当中玉器工具的存在是符合《越绝书》中风胡子所说的"黄帝之时，以玉为兵"的说法。[5]

关于红山文化玉器产生的问题，郭大顺先生认为红山文化玉

1 吉平：《哈民玉器出土刍议》，《红山文化研究》（第7辑）。

2 周晓晶：《哈民忙哈文化玉器探析》，《红山文化研究》（第7辑）。

3 李伯谦：《中国古代文明演进的两种模式——红山、良渚、仰韶大墓随葬玉器观察随想》，《文物》2009年第3期。

4 邓聪：《第三届"南中国及邻近地区古文化研究国际学术会议——东亚古玉研究"会议纪要》，《文物》1999年第7期。

5 孙守道：《论中国史上"玉器时代"的提出》，《辽宁省博物馆学会论文集第1辑 1949—1984》。

器的起源不是偶然的现象，红山文化分布区南北自然环境之间差异较大，是由南向北，由平原演化为草原、多种经济类型和多种文化交错分布。他根据苏秉琦先生论述，又将红山文化分为两个支系，一支以大、小凌河流域为中心，受到仰韶文化的彩陶图案影响；另一支以老哈河流域为中心，与以狩猎采集为主要经济类型的富河文化有着诸多的共同点。[1] 而红山文化的玉器在南北地区上有明显差异的情况下却保持着高度的一致，郭大顺先生认为渔猎文化当中，鱼镖、弓箭等工具的制作，同原始居民对细石器的发达的制作工艺有关，而玉料的雕琢切割，则离不开对于细石器的运用，只有当细石器工艺发达到可以为渔猎经济提供高超的渔猎工具，才会出现玉器的鼎盛时期。[2] 即"唯玉为葬"一开始是东北渔猎文化萨满教的标志，而地处辽西的红山文化在原本的基础上与中原农耕文化接触之后，农业的出现又促使了社会飞快进步，"唯玉为葬"就变成了"唯玉为礼"。[3] 郭大顺先生又从世界的角度研究红山文化玉器，认为红山文化玉器不仅是中国境内交流的一个结果，同时与世界也存在着一定的联系，在美洲地区的印第安文化中就有与红山文化类似的陶像和玉器，并且张光直先生所提出的"文化底层"理念与之契合。[4] 郭大顺先生根据红山文化女神像、玉礼制度的出现，再次论证了红山文化是中华文化的"直根系"。[5]

关于红山文化玉器溯源的问题，在杨伯达先生对中国南北的玉

1　苏秉琦：《辽西古文化古城古国》，《辽海文物学刊》1986年。

2　郭大顺：《玉器的起源与渔猎文化》，《北方文物》1996年第4期。

3　郭大顺：《红山文化的"唯玉为葬"与辽河文明起源特征再认识》，《文物》1997年第8期，第20—26页。

4　郭大顺：《从世界角度研究红山文化》，《第八届红山文化高峰论坛论文集》。

5　郭大顺：《为什么说红山文化是中华古文化的"直根系"》，《辽宁师范大学学报》2016年。

器起源及发展的简单概述中有所体现。他提出北方玉器以兴隆洼文化、新乐文化、红山文化为代表，南方玉器以河姆渡文化、马家浜文化、崧泽文化、良渚文化为代表。两大文化系统在红山文化、良渚文化时期玉器发展到了顶峰，并且在4500—4000年间，大汶口文化的基础之上融合，出现了龙山文化这一崭新的玉器文化。[1] 杨伯达先生还在地域空间上对中国地区玉器文化的区域进行了板块划分，将红山文化划为东夷玉文化板块，并与同时期的淮夷玉文化板块、古越玉文化板块进行了交流，并在后世形成了五个玉文化亚板块，经过长期的并存和融合成为后来的中华玉文化。[2] 杨伯达先生还运用郯子的五纪说法来解释红山文化的玉器造型来源，认为红山文化玉器是吸收了"黄帝""少昊"两个部族的文化象征产生的。[3]

刘国祥先生按照牛河梁文化墓葬中玉器的出土情况和在墓葬中的地位，对红山文化玉器的用玉制度进行了分析，将大型墓分为两类——甲型和乙型，甲型大墓中勾云形器和玉箍形器成为一种随葬器物组合，乙型大墓中只出现了玉箍形器，没有组合关系；小型墓同样分为甲乙两型，甲型小墓中只见到单独的勾云形器或玉箍形器，而乙型小墓中多见玉璧、玉钺、玉环、玉棒等，没有勾云形器和玉箍形器。因此，刘国祥先生认为相较"唯玉为葬"等说法，红山文化礼制系统有唯一性更为准确。[4]

田广林先生在红山文化礼制形成方面进行了剖析和解读，认为玉礼的核心首先是祭祀天地，其次是祭祀自己的先祖，最后是

1　杨伯达：《中国远古北南两系玉文化的融合》，《美术观察》1996年第4期。

2　杨伯达：《中国史前玉文化板块论》，《故宫博物院院刊》2005年第4期。

3　杨伯达：《以郯子所说"五纪"来解读红山文化玉器涵盖的巫教属性及其信仰派》，《中国文物报》2012年。

4　刘国祥：《牛河梁玉器初步研究》，《文物》2000年第6期。

对王权的推崇。"礼"的含义是用玉来讨好或打点神灵,以求来寻求神灵的庇护和赐福,所以红山文化用于祭祀等活动的玉器就叫礼器[1]。田广林先生和周宇杰先生将红山文化玉器和中华文明的起源进行了联系,认为红山文化和中华文明起源有紧密的联系。[2]

叶舒宪先生就神话信仰方面对红山文化的玉器进行了研究,对红山文化的几种玉器和神话相联系并作出了猜想:第一,玉玦是"珥蛇",是中医人体神话观念的体现;第二,玉璜和玉龙与虹桥有所联系;第三,玉熊和玉龙崇拜;第四,鸮鸟和鸟女神、鸮女神的崇拜。[3]叶舒宪先生就红山文化中珥蛇珥玉进行了研究,并运用了四重证据法[4],把神话、新发现的材料[5]等结合,论证玉蛇耳坠和中国天人合一的神话观念之间的关系。[6]叶舒宪先生就红山玉器"鸮""熊""鹰"或两者结合等形象与世界各地猛兽与飞禽的神话结合形象做了对比和叙述,认为红山文化玉器中的这些形象也与这些神话有关,并且红山文化玉器就是"飞熊""枭雄"的结合形象。[7]

1 田广林:《玉器的发生与中华礼制文明的起源》,《赤峰学院学报》(汉文哲学社会科学版)2008 年。

2 田广林 周宇杰:《由祀到礼:红山古玉与中华五千年文明起源》,《红山文化研究》第 7 辑。

3 叶舒宪:《红山文化玉器的神话信仰研究概要》,《第八届红山文化高峰论坛论文集》。

4 叶舒宪:《珥蛇与珥玉:玉耳饰起源的神话背景——四重证据法的玉文化发生研究》2012 年。

5 叶舒宪:《红山文化玉蛇耳坠与〈山海经〉珥蛇神话——四重证据求证天人合一神话"大传统"》,《西南民族大学学报》2012 年第 12 期。

6 叶舒宪:《蛇—玦—珥——再论天人合一神话与中华认同之根》,《中华读书报》2012 年。

7 叶舒宪:《鹰熊、鸮熊与天熊——鸟兽合体神话意象及其史前起源》,《民族艺术》2010 年。

三、独具匠心

红山文化玉器在中华玉文化发展进程中是一座丰碑，因此，研究红山文化玉器与中国古礼的关系应该从更高的理论层面深化。

一是费孝通先生的中华民族多元一体理论。[1] 费孝通先生认为玉器是中国传统文化中的瑰宝。从考古学观看，我国史前玉器分布广泛，各地区的玉器业在发展中形成了不同的文化体系，既有交流又有各自特点。至周代，各地区玉器型制差异减少，秦统一至汉代，各类玉雕几乎都已大同。中国古代玉器在中华民族多元一体格局的形成过程中起到了不可忽视的重要作用。

二是苏秉琦先生的满天星斗理论。苏秉琦先生认为文明起源有三种形式，即裂变、撞击和融合。三种文明起源的典型地点大都在中原和北方，大都与中原和北方古文化的结合有关。所涉及的范围是从关中西部起，由渭河入黄河，经汾水通过山西全境，再由晋北向西与内蒙古河曲地区连接，向东北经桑干河与冀西北，再向东北与辽西老哈河、大凌河流域连接，形成 Y 字形文化带。从中原到北方再折返中原这样一条文化联结带，在中华文化史上曾是一个最活跃的民族大熔炉，距今六千年到四五千年间中华大地如满天星斗的诸文明火花，这里是升起最早也是最光亮的地带，所以它也是中华文化总根系中一个最重要的直根系。红山文化玉器是在中国北方和中原文化交流碰撞中形成的文化融合体。

1　费孝通：《中国古代玉器与中华民族多元一体格局》，《思想战线》2003年第 6 期。

三是张光直先生东方文明连续性理论[1]——人与人关系的变化。中国古代由野蛮时代进入文明时代过程中主要的变化是人与人之间关系的变化，即技术上的变化是次要的；从史前到文明的过渡中，中国社会的主要成分有多方面的、重要的连续性。而纵观中国古代玉器发展演变全过程，商周玉器和红山文化玉器是一脉相承的。

　　四是李泽厚先生的巫史传统理论。[2]李泽厚先生认为中国文明有两大特征特别重要，一是血缘宗法家族为纽带的氏族体制，一是理性化了的巫史传统。两者紧密相连，结成一体，并长久以各种形态延续至今。他还指出：巫师队伍的出现，主观目的是沟通天人，和合祖先，降福氏族；从客观效果上看则是凝聚了氏族，扩大了部落联盟，形成了复杂的社会形态，保持了正常的社会秩序，巩固了群体的内部统一，整合了社会的各类资源，推动了社会分工的更加细化，形成了更大的社会发动能力，使得红山社会的发展到达了前所未有的高度。

　　可以说，中华文明独特之处在于由巫而王、由祀而礼的发展道路。具体地说，红山玉器延续了东北渔猎采集文化传统，在与中原农耕文化交流碰撞过程中，通过吸收—融合—发展形成文化统一体，但其内涵是以巫为中心、祭祀神灵为目的。基于上述理论，本文在研究方法上充分继承前人已有研究成果，采用"一归类、二分析、三研究、四提升"的研究策略。

　　一归类是指对玉器进行类型划分。在玉器类型研究上，根据整体体征将红山文化玉器分为四个大类，再根据造型差异将每类

1　张光直：《中国青铜时代》，台北联经出版公司，1994年。
2　李泽厚：《中国古代思想史论》，天津社会科学院出版社，2008年5月。

玉器分成若干个型。但是，因每一型器物的阶段性变化特征不明显，且在使用功能上具有一致性，所以对每一型玉器不做式的划分。在玉器造型研究上，重点分析被称为勾云形玉佩的玉器造型理念。无论是单钩形还是双钩形玉佩一直是学界关注的重点，本文最大的亮点是通过认真研究，将两型玉佩归类为玉鸟类，为研究打开了思路。

二分析是指对玉器使用功能进行阐释。针对每一类玉器中的每一型进行分别分析，进而对每一类玉器总体功能进行分析。从而阐释红山文化玉器并非实用器物，而是祀器、礼器。

三研究是指研究玉器制作工艺。通过每一类型的玉器生产、加工、制作最终阐释红山文化玉器的制作是属于高等级的劳动分工。阶级起源于分工，正如苏秉琦先生所言"文明起源应从劳动分工说起"。作为玉器加工这样的高等级劳动分工区别于低等级的石器加工、骨器加工，这本身就体现了社会分化。换句话说，玉器制作是红山文化"以玉示礼"的另一种表现形式。

四提升是指从红山文化玉器内涵、外延、时空三个维度综合阐释红山文化是玉鸟的王国，是玉兵的世界、是玉礼的时代，文明初现。通过综合研究，我们有四个基本判断：一是以发达的玉器为代表的红山文化和古史传说中少昊部落在文化内涵上有一定的对应关系。时间上这个时代又恰好和炎黄阪泉之战、炎黄蚩尤涿鹿之战的五帝时代相对应。二是距今约 5000 年前后中国东北和东部沿海出现了三个史前玉文化圈，同时以东北亚为起点的环太平洋玉文化圈基本形成，而红山文化恰好处于这个点上，是环太平洋玉器传播之路的起点。红山文化处在一个玉兵的世界。三是红山文化玉器主观上是为了祀神，调和人神之间的矛盾，但客观上却调和了人与人之间的关系，产生了尊卑等级观念，成为示礼的标识。因此，红山文化晚期进入了示礼的时代。也正因如此，红山社会才具有了礼制的雏形，红山文明由此发端；红山文化玉器被后世继承和发展，并最终使得玉成为中华文化最醒目的文化符号。

第二章　分门别类

根据形制特征，红山文化玉器主要有几何类、动物类、生殖类、工具类四类。

一、几何类

几何类玉器主要特征一是整体为圆柱状、圆环状；二是有非实用功能性穿孔。根据造型特征，可大体分为玉璧、玉筒、玉管、玉环、玉坠等型。玉璧扁圆形，中间有小孔；玉筒圆柱状，器壁薄，中间穿孔大；玉管圆柱状，器壁厚，中间穿孔小；玉环圆圈形，中间有大孔。

1. 玉璧

红山文化出土的玉器中，玉璧占相当大的比例，出土数量多，出土地点分布广泛。玉璧是红山文化玉器中有孔玉器里数量最多的一类。根据功能非实用功能孔的数量多少可分为单孔璧和多孔璧（图 2-1）。

牛河梁遗址共出土玉璧 32 件。[1] 其中单孔璧 27 件，多孔璧 5

1　辽宁省考古研究所，《牛河梁红山文化遗址发掘报告（1983—2003 年度）》，文物出版社。

件。单孔璧都为内外缘磨薄似刃，璧面明显鼓起，璧端常钻单孔或对称双孔，未见有璧缘平齐、璧面平整的玉璧。多数红山文化玉璧为方圆形或圆角方形，且多有钻孔，与各地常见的璧面平整的正圆形璧有较大差异。从其出土状况如第二地点 Z1M21 墓主身下置璧及与其形制相近的圆形璧（如第二地点 Z1M7 所出 3 件都为圆形璧）和有 3 件圆形璧无钻孔等现象看，它们仍应属璧类。多孔璧共 6 件，第二地点 Z1M21 出 2 件，第五地点地层出土 1 件，第十六地点 M1 出双孔璧和三孔璧各 1 件，牛河梁遗址区内还征集到 1 件双联璧。

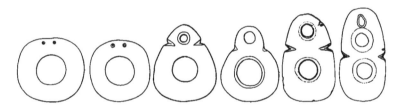

N2Z1M21：17　N2Z1M21：18　N2Z1M21：6　N2Z1M21：7　N16M1：2　N16M1：3

图 2-1　红山文化典型玉璧示意图

牛河梁第二地点一号冢 M21 出土 12 件玉璧。[1] 其中两件多孔璧，淡青色玉，体扁平，上小而下大，形似双璧相连，上璧顶端磨有系沟，内外缘薄似刃。M21：6 长为 5.5cm、最宽为 4.7cm、厚为 0.3cm。M21：7 长为 6.1cm、最宽为 4.9cm、厚为 0.3cm。十件单孔玉璧，体扁平，周边薄似刃，素面，上端近缘处对钻 1—3 个小孔。M21：4，淡绿色，在靠近边缘处钻有一小孔，直径为 5.7cm、孔径为 2.4cm、

1　辽宁省考古研究所，《牛河梁红山文化遗址发掘报告（1983—2003 年度）》，文物出版社。

厚为 0.4cm。M21：5，淡青色，靠近边缘处有一对钻小孔，直径
为 8.4cm、孔径为 3.4cm、厚为 0.5cm。M21：9，近方圆形碧绿
色玉，边缘处有一残缺，上端有三个小孔。最大径为 2cm、孔径
为 3.9cm、厚为 0.6cm。M21：12，淡青色，直径约为 4.8cm、孔
径约为 2.4cm、厚为 0.25cm。M21：13，缘处有一小孔的灰白色玉。
直径为 8cm、孔径为 3.7cm、厚为 0.6cm。M21：16，近方圆形青
灰色玉，璧面近缘钻一小孔。最大径为 5.4cm、孔径为 1.9cm、厚
为 0.4cm。M21：17，近方圆形淡绿色玉，璧面近缘处有二小孔。
最大径为 9.8cm、孔径为 4.2cm、厚为 0.4cm。M21：18，近方圆
形青灰色玉，璧面上端缘处钻有两个小孔。最大径为 7.9cm、孔
径为 3.5cm、厚为 0.5cm。M21：19，近方圆形青灰色玉，上端
靠近边缘钻有一小孔。最大径为 9.8cm、孔径为 3.6cm，厚为 0.7cm。
M21：20，玉呈灰白色。近方圆形，上端缘对钻二小孔。最大径
为 14.7cm、孔径为 7.2cm、厚为 0.7cm。

　　牛河梁第三地点积石冢 M3 出土一件玉璧[1]，淡绿色玉质，磨
制而成，方圆形，边缘单面钻一小孔，外缘为 3.5 至 3.8cm、内
径为 1.6cm、厚为 0.3cm，出土位置位于死者右肱骨左侧顶结上。

　　牛河梁第五地点一号冢中心大墓 M1 出土 2 件玉璧[2]：
N5Z1M1：1，黄绿色，外缘面有似原玉料所遗凹坑点。近方圆形，
内外缘磨薄似刃，内缘稍厚，璧体中部厚而圆鼓，上边缘钻双孔。
最大外径为 12cm、内孔径为 3.9cm、厚为 0.6cm；N5Z1M1：2，
绿色，一侧布满白色斑痕，整体呈长圆形，亦为内外缘磨薄似刃、

　　1　辽宁省考古研究所，《牛河梁红山文化遗址发掘报告（1983—2003 年度）》，
文物出版社。
　　2　辽宁省考古研究所，《牛河梁红山文化遗址发掘报告（1983—2003 年度）》，
文物出版社。

内缘稍厚、璧体中部厚而圆鼓的形制，上边缘钻双孔。最大外径为 12.9cm、内孔径为 3.3cm、厚为 0.7cm。

牛河梁第十六地点 M1 出土 3 件玉璧。[1] 单孔玉璧 N16M1：1，淡绿色，绿中泛黄，器表局部见红褐色瑕斑，精磨光泽。器体扁薄，璧面较平，外缘方圆形，内孔为不规则圆形，内、外侧边缘磨薄似刃。内孔一边缘处稍凹，应为上端。直径 5.09cm—5.2cm、孔径 2.19cm—2.4cm、厚 0.32cm。出土在人骨下颌骨左侧。双孔璧 N16M1:2，绿色，有一道裂纹，磨光，略显光泽，表面附着有土渍痕。器体扁薄，平面近于梯形，两侧边似一条弧线，中间断以 "V" 形刻槽，形成双璧相连状，上璧小而下璧大。上璧呈三角形，下璧呈方圆形，内孔均呈不规则圆形，内、外侧边缘磨薄似刃状。长为 9.1cm、宽为 5.6cm、上孔孔径为 1.3cm、下孔孔径为 2cm、厚为 0.4cm。三孔璧 N16M1：3，青绿色，不显光泽，器表局部见土渍痕。器体扁薄，中部有三个纵向排列的圆孔，两侧各有一道 "V" 形刻槽，呈三璧相连状，三璧上小下大，上璧内缘顶端有一竖向磨损凹缺，中、下璧内孔均呈不规则圆形。内、外侧边缘磨薄似刃状。长为 9.43cm、宽为 4.83cm、上孔孔径为 1.1cm，中孔孔径为 1.4cm、下孔孔径为 1.7cm、厚为 0.6cm。M11 出土 2 件单孔玉璧。N16M11：1，淡绿色，有小块黑斑及似皮壳的白色斑，显原玉料岩面痕，较光泽。器体外缘呈方圆形，内孔略呈圆形，皆不够规整，璧面薄而平，内、外侧边缘薄似刃，靠近上侧边缘中部对钻一小孔。直径为 7.2cm、孔径为 3.2cm、厚为 0.4cm。N16M11：2，淡黄白色，泛绿，质纯，几无瑕疵。精磨，甚润泽。器体规整，外

1　辽宁省考古研究所，《牛河梁红山文化遗址发掘报告（1983—2003 年度）》，文物出版社。

缘及内孔缘皆为正圆形，内外边缘磨薄，璧面鼓。唯璧孔不在正中，略偏向一侧，孔对钻而成。直径为 3.41cm、孔径为 1.44cm、厚 0.3 至 0.38cm。79M2 出土 2 件玉璧。[1] 79M2：5，淡黄色，间白色瑕斑，边缘有一处红褐色斑痕。器体扁平，内外缘磨薄似刃，外缘为不规则方形，内缘呈正圆形，靠近外缘一侧边正中并排对钻两个小圆孔，圆孔直径为 0.4 厘米，以单面钻为主。通体抛光。外缘边长 10.2cm 至 12.7cm、内缘直径为 3.2cm、厚为 0.5cm。79M2：6，青绿色，有大片白色瑕斑，应为近于皮壳的部分。外缘为方形圆角，内缘为不规则的圆形。边缘磨薄似刃。靠近外缘一侧边正中对钻一个小圆孔。外缘边长 10.1cm 至 11.5cm、内缘直径为 2.5cm、厚为 0.7cm。M14 出土 1 件：N16M14：2，通体乳白色，器表见土渍和灰渍，内、外缘局部附红烧土痕。器体扁薄，正圆形，肉好相若，器形规整。内、外缘磨成刃边，内缘更薄，璧面微鼓。直径为 10.95cm、孔径为 5.21cm、厚为 0.4cm。

内蒙古科左中旗哈民忙哈新石器时代遗址出土 11 件玉璧。[2] 其中单孔璧 9 件。F46：1 出土一件浅绿色透闪石，石雾水沁，边缘呈刃状，中间穿有一孔，一侧近边钻有一小孔，外径为 4.3cm、内径为 1.8cm。F46：5 出土一件通体黄色透闪石，平而呈不规则椭圆形，中间穿一孔较大，对钻，顶部穿两小孔，一孔已豁，一孔未透。长为 2cm、宽为 1.7cm、厚为 0.7cm、内孔径 1cm。F46：6 出土一件青绿色透闪石，通体白色，云雾水沁，刃状边，中部穿一孔。外径为 2.1cm、内径为 0.8cm、厚为 0.2cm。

1 辽宁省考古研究所，《牛河梁红山文化遗址发掘报告（1983—2003 年度）》，文物出版社。

2 内蒙古考古研究所，《内蒙古科左中旗哈民忙哈新石器时代遗址 2012 年发掘》，《考古》2015 年第 10 期。

F46：8出土一件通体白色，边缘有土沁，透闪石。刃状边，中间穿有一孔，对钻。外径为3.3cm、孔径为1.2cm、厚为0.3cm。F46：16出土一件通体白色，刃状边，中部穿一孔，外径为1.8cm、内径为0.5cm、厚为0.15cm。F46：2出土一件灰绿色透闪石，边缘有黑色玉皮，中间钻有一圆形孔，刃状边较厚，一侧近边钻有两小孔。长为7.5cm，宽为6.5cm、厚为0.6cm、内孔径为1.5cm。F46：7出土一件周边呈刃状，一面较平，另一面略鼓，中间钻有圆形孔，一侧近边有一小孔。长为6.9cm、宽为6.2cm、厚为0.4cm、内孔径为2.3cm。F46：15出土一件黄色透闪石，一角下内凹，刃状边，内穿一圆角方形孔，一侧近边穿有两小孔，长为12.4cm、宽为11cm、厚为0.6cm、内孔径长为6cm，小孔径分别为0.5cm、0.6cm。F46：9出土一件黄色透闪石，云雾沁，中间穿有长方形孔，一侧近边钻有两小孔，长为11.1cm、宽为7.3cm、内孔径长为3.2cm。双孔璧2件，平面形状呈"8"字形，刃状边。F46：10出土一件通体青黄色，长为6.2cm、宽为3.3cm、厚为0.3cm，两孔径分别为0.5cm、0.9cm。F46：13出土一件青白色的透闪石，边部有土沁。上小下大，上下钻有两圆形孔。长为4.5cm、厚为0.25cm，孔径分别为0.5cm、1cm。

内蒙古巴林右旗那斯台遗址出土1件长条形三孔璧，[1]下沿为三个连弧状，平背边沿有两个钻孔，中间有三个并列的圆孔，孔径为1.7cm，相邻两孔间均有一竖线刻痕，长为11.8cm，宽为3.8cm。

在辽宁省阜新县胡头沟红山文化玉器墓中出土2件玉璧[2]。M1

1　巴林右旗博物馆，《内蒙古巴林右旗那斯台遗址调查》，《考古》1987年第6期。

2　方殿春、刘葆华，《辽宁阜新县胡头沟红山文化玉器墓的发现》，《文物》1984年第6期。

出土 1 件单孔璧，为方角圆形，边薄似刃，壁上方有一小孔，直径为 4cm，孔径为 1.4cm、厚为 0.2cm，整体为乳白色。M3 出土一件三孔璧，似三璧相连，从上而下依次变大，上端有磨出的系沟，长为 6.4cm，最宽为 3cm，整体为淡绿色。

在辽宁省朝阳市半拉山红山文化墓地出土 10 件玉璧。[1] M49：1 单孔璧，形制规整，工艺精致，通体磨光，素面，整体较为扁平，轻薄，近似圆形，有圆形内孔，内缘较厚，外缘薄刃，近一侧边有一对钻孔。直径为 4.1cm，孔径为 1.3cm，厚为 0.2cm，整体为白色。M23：1 双孔璧，似两璧相连，平面为椭圆形，中部两侧边缘向内微收，将玉璧分为上下两部分，有两对钻形成的圆形内孔，顶部为圆弧状，向上微凸，有一对钻形成的内孔，底部为椭圆形，在边缘有三条刻划凹槽，双联璧长为 8.2cm，宽为 3.1cm，厚为 0.26cm，整体为绿色，有轻微泛黄，在上部有白色自然纹理三道。M12：3 单孔璧，方形，内缘与外缘都似刃薄，横截面为梭形，整体扁平、宽大，在一侧边有两孔在中部，单面钻，并进行了二次加工，一侧在两孔之间打磨出横向连接的凹槽，另一侧两孔打磨出斜向上的凹槽。玉璧长为 14.5cm，宽为 13.3cm，孔长为 6cm，孔宽为 5.5cm，厚为 0.7cm，整体为绿色，轻微泛黄。M36：1 单孔璧，方形，较为完整，内孔为椭圆形，一侧边有一对钻孔在中部，表面有两道自然形成的裂纹，长为 5.3cm，宽为 5cm，孔长径为 2.8cm，孔短径为 2.6cm，厚为 0.4cm，整体为淡绿色。M11：2 单孔璧，外缘似刀薄，内孔不规整，直径为 5.9cm，孔径为 3.3cm，厚为 0.28cm，整体为白色，表面有黑色土沁。

1　辽宁省考古研究所、朝阳市龙城区博物馆，《辽宁朝阳市半拉山红山文化墓地的发掘》，《考古》2017 年第 2 期。

M45：4 单孔璧，通体磨光，制作规整，整体扁平轻薄，中部较厚，外边缘较薄，内孔为圆形，双面对钻形成，直径为 7.9cm，孔径为 2.5cm，厚为 0.4cm，整体为乳白色，体表钙化严重。M45：2 单孔璧，完整器，中部较厚，外边缘较薄，内孔为圆形，单面钻制，一侧孔径较大，向内凹陷，另一侧孔径较小，四周有未经钻磨留下的痕迹，长轴为 7.9cm，短轴为 7.6cm，孔径为 3.4cm 至 3.7cm，厚为 0.6cm，整体为白色，表面有黑色土沁。M35：1 单孔璧，内孔为圆形，内外缘都似刀薄，横截面为梭形，在一侧边中部有打磨的两个缺口，另一侧有三个缺口，长轴为 6.6cm，短轴为 5.9cm，孔径为 2.3cm，厚为 0.26cm，整体为绿色，轻微泛白。M39:1 单孔璧，整体近似圆形，内孔为圆形，内外缘都似刀薄，横截面似梭形，在外缘有凸起的三个月牙形耳饰，三个耳饰形制相同，大小不同，表面有两条自然形成的裂痕，直径为 4.3cm，孔径为 2cm，厚为 0.28cm，整体为绿色，轻微泛黄。M39：3 多孔璧，整体扁平，轻薄，像三璧相连，平面为椭圆形，三个内孔为圆形，内外缘都似刀薄，横截面似梭形，长为 9cm，宽为 4.2cm，孔径为 1.4cm 至 1.5cm，厚为 0.34cm，整体为绿色，轻微泛黄，局部还有黄色小瑕疵。

2. 玉筒

玉筒器体呈圆筒状，腹壁斜直，一端作平口，另一端做斜平口，造型变化不大。（图 2-2）两端开口边缘较薄。在筒形内部可见线切割痕迹。靠近平口边缘常见两个实用功能圆孔，个别无孔或见 3 个孔。

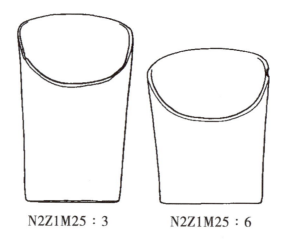

N2Z1M25：3　　　　N2Z1M25：6

图 2-2　红山文化典型玉筒示意图

　　牛河梁遗址出土玉筒数量最多，16 座墓共出土 18 件。[1]玉筒大多呈椭圆形筒状，分长面与短面，长短两面有程度不同的错位，形成一端大斜口而另一端为平口或近于平口的小斜口；平口径小于斜口径，形成平口一端小而斜口一端大；大斜口及平口（或小斜口）的边缘皆磨薄似刃；有的平口（或小斜口）一端近边缘有对称双孔，个别为双缺口，有的还另在短面靠近平口（或小斜口）的一端钻单孔；出土时大都横置，长面为上，平口为前，置于腰部的，平口多朝向头部。

　　牛河梁第二地点一号冢 M21：8 为一件白色，通体圆筒状的筒形器。一端粗，另一端细，中空，细端平口，近缘处有两个小钻孔。粗端似斜口，与扁体筒形器形制相近。通长 3.5cm、粗端径为 4cm、细端径为 3.1cm、厚 0.35cm 至 0.5cm。M22：1 为扁

　　1　辽宁省考古研究所，《牛河梁红山文化遗址发掘报告（1983—2003 年度）》，文物出版社。

圆筒状，像倒置的马蹄形。一端是外敞的斜口，另一端作平口，背微向内凹。平口近缘部的长径两侧各有一小孔。通体光洁且无纹饰。平口缘部制作不规整。长为9.1cm，斜口最宽为8.5cm，平口长径为7.0cm，短径为5.5cm，壁厚为0.5cm。整体为碧绿色，有小瑕疵。M25：3，扁圆筒状，一端外敞的斜口，另一端作平口，背微向内凹。平口近缘部的长径两侧各有一小孔。通体光洁且无纹饰。斜口缘打磨平整，有留下的痕迹。器身内壁有掏取芯料留下来的钻痕和线切痕迹。长为13.6cm，斜口最宽为8.3cm，平口长径为6.8cm，短径为5.9cm，壁厚为0.6cm。整体淡青色，有一小部分黄褐色瑕斑。M25：6，扁圆筒状，一端外敞的斜口，另一端作平口，背微向内凹。平口近缘部的长径两侧各有一小孔。通体光洁且无纹饰。斜口缘处为钝刃状，内壁有打磨时遗留的线切痕迹。长为11.1cm，斜口最宽为8.7cm，平口径5.6cm至7.3cm，壁厚0.5cm。整体为深绿色。

牛河梁第三地点M7出土1件玉筒，淡绿色玉质，有红色斑痕，一端斜口，另一端平口，呈扁圆筒状，平口边缘两侧各钻有一小孔，长为13.1cm，平口长径为6.8cm，斜口最宽为9cm，厚为0.3cm—0.5cm。

牛河梁遗址第五地点一号冢中心大墓N5Z1M1：3出土于墓主胸部。黄绿色，质甚匀，内外磨制精且圆润光泽，只略有裂纹，隐见瑕斑。筒体较高，正圆口，内壁平直，外壁圆凸鼓。在鼓面的中部做出一规整的长梭形小凹窝，窝长为0.8cm、深为0.1cm。此件筒形玉器，虽造型简单，也无纹饰，但形体甚为规整，磨制精工，筒体高而内平外鼓，却薄厚均匀，筒的淡绿透黄色泽是红山文化玉器的标准色，尤其是所用玉料应是质地和色泽都甚为纯正几无瑕疵的块状河磨玉籽料，所以这件玉筒是牛河梁遗址出土红山文化玉器中的又一件珍品。筒孔径为6.1cm，高为4.2cm、筒壁最厚处为0.9cm。

牛河梁第十六地点出土4件玉筒。N16M4：2整体为扁圆筒状，上边粗下边细，通体磨光。上端为斜口，腹壁外，下端为平口，在靠近底部的长径两侧各有一个对钻形成的小孔。上下开口的缘部比较薄，残损严重，高为13.7cm，平口长径为6.9cm，短径为5.9cm，斜口最宽8.45cm，壁厚0.45cm至0.52cm。整体为淡绿色，轻微泛黄，有小部分铁锈红色瑕疵。N16M10：1黄绿色，局部偶见似皮壳的浅褐色瑕斑。器体呈扁圆筒状，中空，上粗下细，通体抛光。一端作斜口，腹壁外敞，另端作平口。斜口及平口端磨平，斜口略显薄，内壁有桯钻掏孔痕和线切割痕。近底部长径两侧由外向内各钻一孔。通高为5.6cm、斜口长径为4.2cm、短径为2.7cm、平口长径为3.3cm，短径为2.75cm、厚为0.32cm。79M2：4青绿色，有大片白色瑕斑，间黑色斑点。磨制精，内外壁无瑕部分光泽圆润。器体呈扁圆筒状，上粗下细。上端作斜口，腹壁外敞，下端作平口，略向长面倾斜。器体规整，斜口部分尤为规整。在腹壁内侧上部遗有掏芯时的桯钻打孔螺旋痕；平口端近底部长径两侧各有一对钻小孔，以单面钻为主。高为14cm、斜口长径为10cm、短径为9.4cm、平口长径为7.3cm，短径为5.7cm、壁厚为0.4cm。M2：4为一件下细上粗桶状圆形斜口玉筒。整体呈扁圆体，两端平面呈椭圆形。下端钻两个小孔。长为14.2cm、细端直径6.2cm至7.2cm、粗端直径6.8cm至9.5cm。质地为青色软玉。

3. 玉管

玉管器体呈圆柱状，体矮，中部有一道自两面对钻而成的竖孔。一种体长，为管状，另有一种管状珠，个体较小，平面多呈方圆形，

端面常磨出凹面，体中束腰，有如椎骨（图 2-3）。牛河梁遗址 4
座墓出土 5 件，另有 N5 地层出 2 件，共 7 件。[1] N2Z1M21， N3M7
墓中玉管都单独出于墓主胸前的正中，是一种较为重要的玉类。

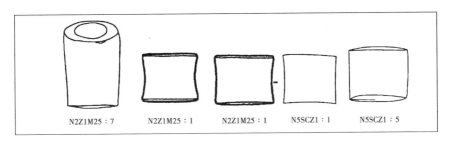

图 2-3　红山文化典型玉管示意图

在牛河梁红山文化第二地点一号冢 N2Z1M25 出土了 2 件玉管。
N2Z1M25：1 通体形似鱼椎骨状，雕琢精致，珠身为曲腰形，两
端向内微凹，中心有一对钻贯通长孔。高为 1.3cm，长径为 1.5cm，
短径为 1.2cm，整体为青黄色。N2Z1M25：7 黄绿色，质匀，底缘
面有一处红褐色瑕斑。内外精磨，光泽圆润。椭圆柱状体，体较细长，
中空，管壁甚厚。两端粗细不一，均作小斜口，一端斜口较显。
微有束腰。器长 4.6cm、粗端斜口径 2.8cm 至 3.1cm、壁最厚为
0.6cm。牛河梁第二地点一号冢 21 号墓出土一件，M21：11 淡绿
色玉，方形圆角。身作曲腰形，一端微凹，另一端平齐，中心通
贯一孔。长为 3.8cm、宽为 3.2cm、孔径 1.1cm 至 1.4cm、通高为
2.8cm。

牛河梁红山文化第三地点 N3M7 出土玉管 1 件。N3M7：3 淡
绿色，造型小巧，作亚腰柱状，似一节脊椎骨形。横截面为椭圆形，

---

[1]　辽宁省考古研究所，《牛河梁红山文化遗址发掘报告（1983—2003 年度）》，
文物出版社。

一端平齐，一端倾斜，中心处上下贯穿一个对钻大圆孔。通高为2.6cm，两端长径相等，为2.9cm，壁厚为0.7cm至0.9cm；孔上径为1.5cm、下径为1.3cm、最细为1.1cm，最细处距下端0.65cm，为通高的四分之一。

牛河梁遗址第五地点出土2件玉管。N5SCZ1：1白色，有黑绿色瑕斑。椭圆束腰柱状体，中间有上下对钻而成的喇叭状穿孔。直径2.6cm至3.2cm、高为2.8cm。N5SCZ1：5，纯白色。椭圆束腰柱状，中间有直穿孔。直径2.9cm至3.9cm、圆束腰柱状，中间有直穿孔。直径2.9cm至3.9cm。N5采：51玉质绿色。通体磨光。扁圆柱状体，略显束腰，两端面平，中间有对钻穿孔。直径为3.1cm、高为2.1cm孔径为0.9cm。

牛河梁第十六地点出土1件玉管。79M2：7淡绿色，绿中泛黄，质匀，有白色瑕斑，精磨，光泽细腻。器体呈亚腰柱状，两端面微内凹，近椭圆形，中部有一道自两面对钻而成的长孔。高为1.1cm、直径为1.2cm、孔径为0.4cm。

在辽宁省阜新县胡头沟红山文化玉器墓M1中出土3件玉管，均为束腰，中间穿孔，与鱼椎骨相像，高为1.2cm，直径为1.8cm，整体为白色。

白音长汗遗址出土4件圆柱形玉管[1]，均为绿色，磨制光滑。M2：7椭圆柱形，两端平齐，横剖面呈椭圆形，两端中部纵向对钻一个圆形孔，中部相连处错位，长为9.5cm、直径1.9cm至2.3cm，孔径0.6cm至1.2cm，M4：5一端斜口、一端平齐，横剖面呈不规则圆形，斜口长度不一，斜口面中部有一个单向钻的纵向圆孔，

1　内蒙古自治区文物考古研究所，《白音长汗——新石器时代遗址发掘报告》，科学出版社。

孔内布满等距离螺纹凹槽，越向平齐端孔径越小，到平齐面孔不居中，偏向一侧，长为 3.8cm，直径 1.3cm 至 1.5cm，孔径 0.4cm 至 0.9cm。M4∶17 横剖面呈圆形，斜口处有破损，斜口长度不大，器身上有裂隙纹理，长为 3.8cm，直径为 1.55cm，孔径 0.35cm 至 0.75cm。M11∶2 横剖面呈椭圆形，斜面较长，器表有裂隙纹理，长为 4.1cm，直径 1.6cm 至 1.8cm，孔径 0.6cm 至 0.7cm。

内蒙古巴林右旗那斯台遗址出土 2 件玉管[1]，圆柱状，质地为巴林石，器身有一透钻孔，长为 1.9cm、径为 0.5cm。

巴林左旗友好村墓地出土玉管 1 件。M3∶1 柱状，对钻孔，中空，磨制精美，浅灰色，长为 6.3cm。

4. 玉环（镯）

玉环（镯）一般为正圆形，多成对出现（图 2-4）。总的来看，环体小于镯，以牛河梁遗址出土的数量最多。牛河梁遗址镯出土在 17 座墓中，共 23 件，其中有 6 座墓各出 2 件，其余为单件；环在 19 座墓出土，共 33 件，其中 7 座墓各出 2 件，1 座墓出 3 件，

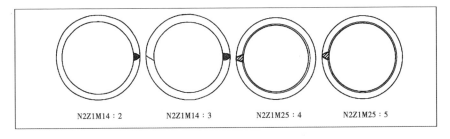

N2Z1M14∶2　　　N2Z1M14∶3　　　N2Z1M25∶4　　　N2Z1M25∶5

图 2-4　红山文化典型玉环（镯）示意图

1　巴林右旗博物馆，《内蒙古巴林右旗那斯台遗址调查》，《考古》1987 年第 6 期。

其余为单件，都为正圆形。[1] 有镯、环共出的墓 4 座。镯与环虽造型简单，却可能经常佩戴于外。有的质料、大小完全相同，应是在一块玉料上做成坯料后切开又加工的。环镯大都选无瑕疵且足够尺寸的籽料，所以环与镯也是当时颇受重视的玉类。

牛河梁第二地点一号冢墓葬中出土了 8 件玉镯。M22：3 正圆形，内缘较厚而外缘较薄，截面为圆钝三角形，通体磨光，没有纹饰，打磨细润，直径为 6.9cm，孔径为 5.7cm，厚为 0.55cm，整体为黄绿色。M23：4 正圆形，内缘较厚而外缘较薄，截面为圆钝三角形，通体磨光，没有纹饰，打磨细润，直径为 7.8cm，孔径为 6.2cm，厚为 0.75cm，整体为淡绿色。M24：1 正圆形，内缘较厚而外缘较薄，截面为圆钝三角形，通体磨光，没有纹饰，打磨细润，在内缘中部有一凸起的棱线，为两面钻所得。直径为 7.2cm，孔径为 5.9cm，厚为 0.5cm。整体为淡青色。M24：2 正圆形，内缘较厚而外缘较薄，截面为圆钝三角形，通体磨光，没有纹饰，打磨细润，镯面上有一对钻小孔。直径为 7.7cm，孔径为 6.1cm，厚为 0.6cm。M25：4 正圆形，内缘较厚而外缘较薄，截面为圆钝三角形，通体磨光，没有纹饰，打磨细润，外缘薄似刃。直径为 6.4cm，孔径为 5.2cm，厚为 0.45cm。M25：5 正圆形，内缘较厚而外缘较薄，截面为圆钝三角形，通体磨光，没有纹饰，打磨细润，淡黄绿色，有瑕疵，外缘薄似刃。直径为 6.5cm，孔径为 5.4cm，厚为 0.5cm。M26：3 椭圆形，内缘较厚而外缘较薄，截面为圆钝三角形，通体磨光，没有纹饰，打磨细润，外缘薄似刃。直径为 6.9cm至 7.1cm，孔径为 5.7cm 至 5.85cm，厚为 0.7cm，整体为青黄色。

1　辽宁省考古研究所，《牛河梁红山文化遗址发掘报告（1983—2003 年度）》，文物出版社。

M21：15 正圆形，雕琢圆滑，淡绿色，外缘薄内缘厚，截面为钝三角形，直径为 7.8cm，孔径为 6.2cm，厚为 0.7cm。

牛河梁红山文化第三地点积石冢出土 4 件玉镯。M7 出土一件玉镯，淡绿色玉质，通体磨制而成，截面为三角形，内径为 5.9cm，外径为 6.9cm，厚 0.5cm。M3 出土一对玉镯，玉质为淡绿色和绿色，磨制而成，一件为扁圆形，一件与 M7 出土的相似，各有三对和两对钻孔，内径分别为 4.6cm 至 5.1cm、4.6cm 至 5.3cm，外径分别为 5.6 至 6cm、5.6cm 至 6.2cm，厚为 0.4cm、0.45cm。M9 出土一件，淡绿色玉质，通体磨制而成，内径为 6.7cm，外径为 8.4cm，厚为 0.8cm。

牛河梁第五地点出土 6 件玉镯，一号冢中心大墓出土一件玉镯 N5Z1M1：5，镯体截面为三角形的黄绿色玉。直径为 8.5cm、孔径为 6.5cm、厚为 1.1cm。N5Z1M7：1 碧绿色，镯体为正圆形，内缘宽厚而外缘薄锐，截面呈钝三角形。通体光素无纹，琢磨圆润。直径为 8.6cm、孔径为 6.2cm、厚为 1.1cm。N5Z2M2：2，纯白色。镯体呈正圆形，截面三角形。直径为 7.5cm、厚为 0.8cm。N5Z2M2：3，纯白色。镯体呈正圆形，截面三角形。直径为 7.6cm、厚为 0.7cm。N5Z2M3：1，淡绿色，镯体近圆形，厚薄、宽窄不一，内缘宽厚，外缘圆钝，截面呈扁方形。镯体有 4 个对称的钻孔。直径 6cm 至 6.9cm、厚为 0.6cm。在牛河梁第五地点采集到一件玉镯 N5 采：57，淡绿色，一侧有土沁。近圆形，内缘宽厚，外缘薄锐，截面呈钝三角形。通体光素，有一钻孔。直径为 5cm 至 5.2cm。

牛河梁第十六地点出土了 3 件玉镯。M4：3 镯体正圆形，横截面为三角形，内缘较厚而外缘较薄，通体磨光，没有纹饰，琢磨精细。整体为淡绿色玉，稍微泛黄。直径为 7.6cm，孔径为

6cm，厚为0.9cm。79M2：3镯体近正圆形，内缘面平，外缘起棱，横截面呈圆三角形，通体抛光。淡绿色，绿中泛黄，质匀无瑕。直径8cm、孔径为6.3cm、厚为0.8cm。M14：4镯体近正圆形，内缘两面对磨，一面磨痕较深，缘面斜平；外缘磨成圆棱，横截面近圆角三角形。整体青绿色，玉质内夹黑色杂质，表面有土渍和灰渍。近外缘处两面均见一道与镯体正切的片具开料痕，一面切痕长为3.8cm、宽为0.5cm，一面切痕长为1.8cm、宽为0.3cm。直径为8.8cm、孔径为6.7cm、厚为0.88cm。

牛河梁第十六地点出土了11件玉镯。M1：4器近正圆形，不够规整，外缘起棱，内缘面有棱，横截面呈不规则的三角形。青绿色，玉质内见黑色斑点。直径为6.3cm、孔径为5.2cm、厚为0.5cm。M1：5器正圆形，内缘面平，外缘尖圆，横截面呈三角形。青绿色，玉质内见黑色斑点。直径为6.21cm、孔径为5.2cm，厚为0.5cm。M2：2正圆形，外薄里厚，断面为三角形。出土位置在死者的胸前。内径为5.3cm、外径为6.25cm，厚为0.4cm。M2：3与M2：2出土部位相同。内径为6.3cm、外径为8cm、厚为0.8cm。M2：8，出土位置在死者的脚部。内径为5.4cm、外径为6.4cm、厚为0.4cm。M4：5正圆形，横截面为三角形，内缘较厚而外缘边较薄，没有纹饰。整体为淡绿色，轻微泛黄。外径为6.55cm、内径为5.53cm，厚为0.5cm。 M4：6正圆形，横截面为三角形，内缘较厚而外缘边较薄，没有纹饰。整体为淡绿色，轻微泛黄。外径为6.6cm，内径为5.5cm，厚为0.45cm。M10：2近正圆形，环体甚细，内缘稍显棱，外缘起棱，环体两侧弧面上有细小的窄平面，横截面呈不规则的三角形，淡绿色，器表具有雾状水沁而不显光泽。直径为6.3cm、孔径为5.4cm、厚为0.4cm。79M2出土环2件，形制相同，均为淡绿色，玉质绿中泛黄。79M2∶2出土于胸部。环体近正圆形，内缘面较平，外缘起棱，横截面呈三角形，通体抛光。直径为 6.25cm、孔径为 5.3cm、厚为 0.4cm。79M2∶8 出土于右脚部。直径为 6.4cm、孔径为 5.4cm、厚为 0.4cm。M14∶6，斜置于人骨堆北部上面，保存完好。北下部为一断裂成四段的玉环，立置，系北壁立置石块内倾塌压所致。两件玉环大小相若，应为一对。器体近正圆形，横截面呈圆角三角形，内、外缘对磨成刃边。青绿色玉，玉质内含黑色杂质。直径为 7.5cm、孔径为 5.7cm、厚为 0.69cm。M15∶2 器体圆形，内缘面平直，外缘尖圆，横截面呈圆角三角形。通体光素无纹。出土于胸腹结合处中部，平置，位置偏高。乳白色，器表见烧灰痕和土渍痕，局部玉质已朽成粉末状。直径为 6.81cm、孔径为 5.6cm、厚为 0.5cm。

巴林左旗友好村新石器时代墓地 M1 出土一件玉镯[1]，M1∶1 平面呈圆形，质地为巴林红花彩石，加工精致，内径为 4.5cm，外径为 7.2cm，厚为 0.4cm。

在辽宁省阜新县胡头沟红山文化墓地[2]93M6 出土了一件带有豁口的玉镯，一侧有 3cm 的豁口，顶端有三孔对称，横剖面为菱形，整体为淡绿色，有白斑。外径为 7.5cm，内径为 6.5cm，厚为 1cm。M1 出土一件玉环，表面有棱，断面为菱形，整体为淡白色。外径为 4.6cm，内径为 3.5cm。

---

1 内蒙古自治区文物考古研究所，《巴林左旗友好村新石器时代墓地发掘》，《草原文物》2014 年第 1 期。

2 方殿春、刘葆华，《辽宁阜新县胡头沟红山文化玉器墓的发现》，文物 1984 年第 6 期。

在辽宁省朝阳市半拉山红山墓地出土了三件玉镯。¹ M22：2，器体粗大，厚重，为圆形，横截面为圆角三角形，两侧边平滑，外缘面接近圆弧，内缘微微向内，单面钻内孔，表面有打磨留下的痕迹，整体为乳白色。外径为 7.4cm，内径为 5.3cm，厚为 0.9cm。M10：1，整体较为纤细，打磨规整，粗细均匀，两侧面比较平滑，外缘面为圆弧，不光滑，内孔为圆形，单面钻所制，横截面为三角形，内缘面光滑，整体为青灰色。直径为 6.8cm，孔径为 5.4 至 5.6cm，厚为 0.45cm。M8：2，打磨粗糙，形制不规整，粗细不均匀，表面不光滑，近似椭圆形，两侧边较为平滑，外缘面略微为弧形，向外凸起，不光滑，内孔为圆形，双面打磨所制，横截面为梯形，整体为青灰色，表面有黑色土沁。长轴长为 5.6cm，短轴为 5.4cm，孔径为 3.8cm，厚为 0.8cm。半拉山红山墓地还出土了三件玉环。² M49 出土的玉环形制规整，整体较小，圆形，横截面为圆角梯形，两边较为平滑，外缘面为弧形，内缘面微微向内凸起，单面钻内孔，整体为白色。外径为 4.2cm，内径为 3.1cm，厚为 0.7cm。M42：2，通体磨光，表面光滑，整体纤细，制作规整，圆形，内孔为单面钻，环体横截面为三角形，两个侧面较为光滑，外缘为弧形，内缘面向内凹陷，整体为乳白色，表面有黑色土沁。直径为 5cm，孔径为 3.9cm，厚为 0.56cm。M42：3，制作打磨不规整，粗细不均匀，两侧边光滑，外缘面为弧形，不平滑，内孔似圆形，为单面钻所制，内缘面向内凹陷，环体横截面为梯形，整体为乳白色，表面有黑色土沁。直径为 5.2cm，孔径为 3.6cm

---

1　辽宁省考古研究所、朝阳市龙城区博物馆，《辽宁朝阳市半拉山红山文化墓地的发掘》，《考古》2017 年第 2 期。

2　辽宁省考古研究所、朝阳市龙城区博物馆，《辽宁朝阳市半拉山红山文化墓地的发掘》，《考古》2017 年第 2 期。

至 3.9cm，厚 0.6cm 至 0.8cm。

5. 玉坠饰

红山文化玉坠饰造型丰富，既有斧锛类造型，也有动物类造型；既有半球状，也有薄片状，但是个体都比较小，规格也不高（图2-5）。

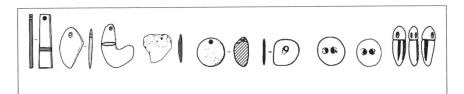

图 2-5　红山文化典型玉坠饰示意图

牛河梁遗址 3 座墓中共出土耳坠 5 件，为绿松石质，绝大多数附背面黑色皮。出土时置于耳旁，为耳坠。两墓（N2Z4M2,N16Z1M4）成对出土，一墓（N2Z1M23）为单件，应有单耳坠。[1] 在牛河梁第二地点一号冢石棺墓出土了一件玉坠饰。M26：4，整体扁平，近似三角形。正面平整圆润，背面凸凹不平，外缘边不平整，有一对钻形成的小孔。最长为 6.7cm，宽为 5.8cm，最厚为 0.9cm。牛河梁第二地点一号冢 21 号墓出土一件菱形坠饰。M21：1 为薄片状近似菱形的淡绿色玉，中心处有一椭圆形钻孔，钻孔周围雕琢有凹槽，外部边缘呈刃状，长为 5.6cm、宽为 4.8cm、孔径 0.6cm 至 0.8cm，厚为 0.35cm。牛河梁遗址第五地点出土一件半球状玉坠饰。N5Z2M2：1，淡绿色，出土于墓主颈部，半球体，平底处斜向对钻一穿孔。底径为 1.7cm、高为 1.6cm。牛河梁第五

1　辽宁省考古研究所，《牛河梁红山文化遗址发掘报告（1983—2003年度）》，文物出版社。

地点一号冢中心大墓出土一件玉板状玉坠饰。[1] N5SCZ1：2 长条状，平面呈梯形上端有一个对钻而成的穿孔，琢制规整，白色。长为 9.4cm、宽 1.9cm 至 2.5cm、厚为 0.6cm。

内蒙古科左中旗哈民忙哈新石器时代遗址出土半球状坠饰 6 件。[2] F46：4 颜色为黄色，鸡心形片状，上窄下宽，刃状边，居中偏下穿一小孔，对钻，长为 3.5cm，最宽处为 2.3cm，厚为 0.2cm，孔径为 0.5cm。F46：12 颜色为绿色，质地闪透石，长条形略弯曲，两侧有三道凹沟，上端穿一小孔，截面呈三角形，长为 2.7cm，宽为 0.7cm，厚为 0.5cm，孔径为 0.15cm。F47：5 颜色为黄色，质地透闪石，钩形，顶部有一小孔，长为 4.8cm，宽为 3.5cm，厚为 0.36cm，孔径为 0.2cm。F45：7 颜色为青黄色，一侧靠近边缘有一小孔，长 4.4cm，最宽处为 2.7cm，厚为 0.4cm，孔径为 0.3cm。出土两件匕形坠饰：F46：14 出土的匕形器质地为透闪石青色玉，通体有土沁，柄部呈亚腰形，背面有一对穿孔，正面顶部阴刻有五条短线，整体略内凹，背部微鼓，长 15.3cm，宽 2.7cm，厚 0.5cm，孔径为 0.5cm。F47：8 绿色透闪石，刃状边、一面稍微向内凹，顶部呈亚腰形，顶端穿有一穿孔，长为 6.2cm，宽为 2.2cm，厚为 0.3cm，孔径为 0.3cm。此外，内蒙古科左中旗哈民忙哈新石器时代遗址还出土三件改制过的坠饰。F46:20 为璧改璜，通体灰绿色，平面呈半圆形，一端钻一小孔。长为 4.3cm，宽为 1.6cm，厚为 0.2cm，孔径为 0.25cm。F45：14 为一件勾云形器的残勾，刃状边，一端穿有小孔，颜色为白玉泛青灰，长为 4.6cm，厚为 0.3cm，

1　辽宁省考古研究所，《牛河梁红山文化遗址发掘报告（1983—2003 年度）》，文物出版社。

2　内蒙古考古研究所，《内蒙古科左中旗哈民忙哈新石器时代遗址 2012 年发掘》，《考古》2015 年第 10 期。

孔径为 0.25cm, F45：16 为镯改璜，质地为鸡骨白料，形状似弯条，内宽外窄，两端各穿一小孔，截面呈三角形。

巴林左旗友好村新石器时代墓地出土 5 件玉坠饰[1]，器形较小，圆形平面，磨制而成，质地为巴林石。M1：4 直径为 1.4cm, M1：5 直径为 2.1cm, M1：6 直径为 1.8cm。

内蒙古巴林右旗那斯台遗址出土 63 件坠饰。有圆珠形、半圆形、扁圆形和薄片等形状。除圆珠形外，均有一圆弧面和平齐面，在平齐面上有双孔交叉透钮，均为素面。

在辽宁省朝阳市半拉山红山墓地出土多件玉坠饰。[2]M29 出土两件玉坠饰。M29：4，完整器，磨制规整，通体光滑，整体扁平，圆形，像围棋棋子，边缘似刀薄，有对钻形成的一个小孔，由天河石所制，整体为绿色。直径为 1.6cm，厚为 0.7cm。 M29：5，完整器，磨制规整，通体光滑，整体扁平，为椭圆形，一面平滑，一面为弧形，边缘光滑，有对钻形成的一个小孔，由天河石所制，整体为绿色。长轴为 1.6cm，短轴为 1.4cm，厚为 0.6cm。M7：1，完整器，磨制规整，通体光滑，整体扁平，形状不规则，有对钻形成的一个小孔，整体为绿色，微微泛白。长为 2.8cm，宽为 2.4cm，厚为 0.54cm。M30：2，一侧面较为平整，另一侧面为圆弧，有对钻一孔，单面有一未通孔，为天河石所制。直径为 1.3cm，厚为 0.7cm。M3：1，完整器，磨制，表面不光滑，风化严重，扁圆体，有横向对钻形成的孔一对，整体为白色，表面有黑色土沁。长轴为 1.3cm，短轴为 1.2cm。 M3：2，完整器，磨制，

---

1 内蒙古自治区文物考古研究所，《巴林左旗友好村新石器时代墓地发掘》，《草原文物》2014 年第 1 期。

2 辽宁省考古研究所、朝阳市龙城区博物馆，《辽宁朝阳市半拉山红山文化墓地的发掘》，《考古》2017 年第 2 期。

表面不光滑，风化严重，椭圆体，整体为白色，表面有黑色土沁。长轴为 1.4cm，短轴为 1.3cm。

内蒙古巴林右旗那斯台遗址出土一件鱼形坠饰[1]，葱白色碧玉琢成，扁圆锥形，头颈部有一周阴刻弦纹，似为鱼鳃，双目对透呈孔，凹坑式圆咀，左侧顺体刻一条沟痕，右侧为两条似为鱼翅，尾端变细呈钝尖。琢磨不规整，长为 4.3cm。

6. 其他

几何形玉器除了上述玉璧、玉筒、玉镯（环）、玉管、玉坠等几种典型玉器，还有三孔器等。牛河梁红山文化第二地点一号冢出土了一件双人首三孔玉饰，第十六地点出土一件双兽首三孔梳背饰（图 2-6）。[2] 双人首三孔玉饰 M17：1，白色玉质，两面雕琢的内容相同，两端各琢一人首，中间排列三个大小相同的等距镂空圆孔，其下又对钻三小孔。两排孔之间凸起一宽棱带，上阴刻数条短斜线。器身上缘随圆孔而起伏，下底平。人首高额，额上饰高冠，雕琢圆睛、圆头状鼻，长下颌略前突，唇微启。以简洁手法表现出庄重并具神秘感的内在韵味。长为 6.8cm、

N2Z1M17：1　　　　　　　　　　　　N16—79M1：4

图 2-6　红山文化其他几何类玉器示意图

1　巴林右旗博物馆：《内蒙古巴林右旗那斯台遗址调查》，《考古》1987 年第 6 期。

2　辽宁省文物考古研究所：《牛河梁红山文化遗址发掘报告（1983—2003 年度）》，文物出版社，2012 年。

最宽为 3.1cm、厚为 0.6cm、大孔径为 1.5cm。双兽首三孔玉饰 79M1：4，出土于墓葬的西侧扰土中，原编号为采集 2 号。青白色，玉质中杂有较大面积黑色瑕斑。黑色瑕斑集中分布于两端和一面的中下部，中下部黑斑处并遗有原玉料岩面的大片凹坑痕。器体作长条状，上宽而下窄，顶部呈三联弧状，底部平直，近底缘窄如桦。两端各圆雕一兽首。兽首额顶隆起，面廓近于三角形，双耳较短，呈圆弧状斜立，吻部前突，稍有上翘，眼眶用减地凸起的菱形表示，眶中各用一道阴刻线表现双睛，皆具熊首特征。双兽首五官细部又各有不同，一兽首尖吻甚上翘，一耳较低且显内贴状，另一兽首吻端较宽，上翘不甚。器身中部并排管钻有三个较大的圆孔，底面近边缘处钻有四个与三圆孔相通的小圆孔，小圆孔每两个居于一侧，略呈漏斗形，以单面钻为主。在底座和三圆孔之间的双侧面上还阴刻一行平行短斜线纹。通体抛光。长为 8.9cm、高为 2.6cm、厚为 1.7cm、圆孔直径为 1.9cm。

二、动物类

动物类玉器主要特征是动物造型明显，不见非实用功能性穿孔。主要器型有玉凤、玉龙、玉龟等。

1. 玉凤

玉凤可以分为具象形玉凤与抽象形玉凤。具象形玉凤总体特征是鸟的造型特征十分明显等；抽象形玉凤总体特征是鸟的造型特征不明显，又可分为抽象形双钩玉凤与抽象形单钩玉凤（图 2-7）。具象型玉凤在牛河梁、胡头沟、半砬山、东山嘴、那斯台均有出土。

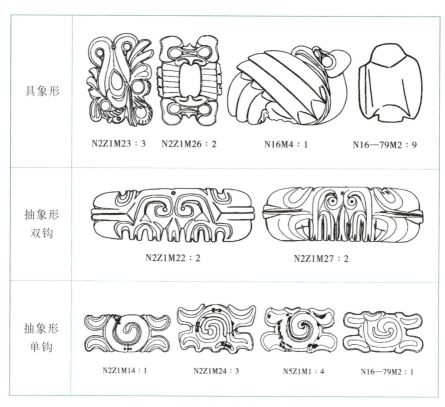

具象形	N2Z1M23：3	N2Z1M26：2	N16M4：1	N16—79M2：9
抽象形双钩	N2Z1M22：2		N2Z1M27：2	
抽象形单钩	N2Z1M14：1	N2Z1M24：3	N5Z1M1：4	N16—79M2：1

图 2-7　红山文化典型玉凤示意图

　　牛河梁遗址出土的具象型玉凤造型丰富，有双首玉凤、双身玉凤、单首玉凤、回首玉凤、展翅玉凤等。[1] 双首玉凤 M26：2，出土于墓主腹部，横放，正面朝上。整体扁平有光泽。两端雕琢出对称相同的鸮首形象。鸮首两簇耳羽圆立，双颊丰润，面部用粗细不一的阴线勾勒圆睛、钩喙等。中心椭圆状镂空，两侧各琢6 道瓦沟纹，其外缘各做一组展翼状凸饰。背无纹饰，有切割留下的痕迹，3 组呈品字形分布的斜穿隧孔，可用于穿系佩戴。通长

1　辽宁省考古研究所，《牛河梁红山文化遗址发掘报告（1983—2003 年度）》，文物出版社。

为 12.9cm，宽为 9.5cm，厚为 0.6cm，整体为青黄色。双身玉凤 M23：3，整体扁平且有弧度，正面光润圆鼓，中心较厚，四缘略薄。佩体依其造型的外部轮廓，配合辅助造型为主要功能的阴刻线纹，雕琢出相互组合的一鸟一兽。中心镂空一梨状孔。兽体吻部前突，长舌圆睛，躯体盘卷。鸟首高冠、圆睛，喙部上扬。二者依附交缠，生动传神，设计极具巧思。背凹，有砣具琢痕，附有 4 组对钻斜孔，用于佩戴。长为 10.3cm，宽为 7.8cm，厚为 0.8cm。出土于墓主腹部，横置，正面朝上，鸟向墓主头部，兽在下。整体为黄绿色，小部分有少量黄色瑕斑和钙化。单首玉凤 N2Z1：C8，出土于 N2Z1M17 东壁外 0.5 米处。滑石质，淡黄色，表皮间深褐色。形小，片状。正面以较粗的阴线雕出如钩的啄弯，臣字目，目四周阴刻波状、斜或直线，头顶有冠羽的表现，冠羽为窄带状，延至头后部。背面磨平，显磨制时所遗较密的横线，背面中部有对钻的单坠孔。长为 3.1cm、最厚为 0.7cm。回首玉凤 N16M4：1，整体为扁薄片状，正面中部略微鼓，周边较薄，背面较平。平面形状似长方形，具有流线形外廓。背面光素无纹饰，见三道横向片形磨具开料痕和 4 个竖穿隧孔，孔壁穿系磨损痕不明显。4 个隧孔两两相对，方向一致，系用实心桯钻技术斜向磨出，但孔外缘旋痕宽浅，内缘对接不规则，表明在薄片状玉料上制作单面隧孔时极为小心，为了不破坏正面纹饰的完整性，浅浅斜钻至透亮即可。通体抛光。长为 20.43cm，宽为 12.71cm，厚为 1.24cm，整体为淡绿色。展翅玉凤 79M2：9，淡绿色，绿中泛黄，有白色瑕斑。器体作鸟形，尾翅稍显上翘，具流线形外廓。圆首尖喙，用短阴线表示双眼，双翅似展未展，用减地浅凹槽表现羽片，鼓腹，尾端平齐，翅膀和尾羽之间用"V"，形凹槽界定区域，线条简单而概略。背面略平整，近头部见两组呈十字形交叉隧孔，一组隧孔残。高为 2.45cm、宽为 2.09cm。

辽宁省阜新县胡头沟红山文化玉器墓 M1 中出土两件登枝状玉凤。[1] M1：8，正面展翅形，翅和尾部都较宽，头部雕刻出耳与目，在翅与尾部有雕刻出的羽纹，背部横穿一孔，整体为淡绿色，长为 2.5cm。M1：9，翅较窄，尾部更为伸展，背部横穿一孔，整体为淡绿色。

在辽宁省朝阳市半拉山红山墓地 K5 出土一件玉凤。[2] K5：4，完整器，制作规整，工艺精致，通体磨光，表面较为平滑，润泽，整体扁平，轻薄。平面近似梯形，中部偏厚，外边较薄，是一只展翅的鸟，用粗线条勾勒出头、躯干、双翼与尾部，无其他细部特征，头与颈部，用两道缺口与两道西凹槽勾勒出，用一道凸的细棱与两侧宽凹槽组合体现双翼，用两道斜向凹槽将尾部与翼分开，在左翼外边缘有对钻形成的一小孔，在腹部有横向对钻的一牛鼻孔，整体为绿色，微微泛白。长为 4cm，宽为 2.8cm，厚为 0.6cm。

内蒙古巴林右旗那斯台遗址出土两件登枝状玉凤。[3] 一件头顶有两个外凸的圆弧形耳，耳下浮雕圆眼，弧形咀；双翅展开，竖刻两条象征羽毛的凸线纹，尾端平齐，加饰一三角形，两爪并列置三角形上，做攀附状；胸腹微鼓；背面平齐，有三组交叉透孔。

1 方殿春、刘葆华，《辽宁阜新县胡头沟红山文化玉器墓的发现》，《文物》1984 年第 6 期。

2 辽宁省考古研究所、朝阳市龙城区博物馆，《辽宁朝阳市半拉山红山文化墓地的发掘》，《考古》2017 年第 2 期。

3 巴林右旗博物馆，《内蒙古巴林右旗那斯台遗址调查》，《考古》1987 年第 6 期。

另一件，形体稍小，头顶平齐无凸出耳，复线刻圆眼，三角形长喙向下凸出；双翅和尾部，各有三五条竖列凸线纹，背面平直，有两组交叉透孔。

抽象型玉凤在牛河梁、胡头沟、那斯台也均有出土。其中牛河梁遗址出土的抽象型玉凤既有单钩式也有双钩式。[1] 牛河梁第二地点双钩玉凤 N2Z1M24：3，为近长方形板状，镂空雕刻。在四角雕琢出对称的外卷钩状，中心为弯曲镂空。玉佩正面琢出与造型走向相应的微凹隐沟纹，形似卷云。上缘居中对钻双孔，孔间琢有系沟，方便穿绳佩戴。背面无纹饰。长为 17.9cm，宽为 10.9cm，厚为 0.8cm，整体为淡绿色。单钩玉凤 N2Z1M14：1 呈长方形，中心镂空，作勾云形盘卷；外四角卷钩，正面磨出与纹饰走向相应的凹槽。体中部两边分别钻三孔，白色。通长为 15.8cm、宽为 6.9cm、厚为 0.6cm。牛河梁第二地点一号冢 21 号墓出土一件比较特殊的抽象形玉凤，中间无钩，当是单钩形的简化。中心镂圆孔，四角向外翻卷，周边外缘圆钝抹斜，体中近缘斜钻一小孔。有黄褐色瑕斑，淡绿色玉。长为 8.8cm、宽为 4.3cm、孔径为 1.2cm、厚为 0.5cm。

牛河梁第五地点双钩玉凤 N5Z1M1：4，淡绿色，间有片状瑕斑。体呈长方形，四角作向外卷勾状，卷勾宽而较短，长侧边两端卷勾的长短又有所区别，勾尖均不显，在中心盘卷的卷勾端部与器体相交处尚保存有制作镂孔时的圆孔状，正面磨出与卷勾走向相应的瓦沟纹，瓦沟纹较浅。背面无纹，有 4 个对钻的隧孔，孔由平面直接打钻，孔系的中部极细，一孔系中部已有残断。隧孔的

1　辽宁省考古研究所，《牛河梁红山文化遗址发掘报告（1983—2003 年度）》，文物出版社。

钻孔方向有横钻也有竖钻，横竖钻各二，依器体的竖直方向两两相对。长 20.9cm、宽 12.4cm、厚 0.9cm。

牛河梁第十六地点双钩玉凤 79M2：1，器体呈长方形，中部弯弧状镂空，凸显一勾角，左右两侧各外伸一对勾角，弯勾不明显，上、下侧边缘各外伸二三个圆弧状小凸。正面琢磨出与形制相应的浅凹槽纹路，纹路呈云字形，中部主体纹路作逆时针旋转；背面平整，分布有四组竖向斜穿隧孔，为方便钻孔，先在钻孔部位制作二至三道横向减地沟槽。通体抛光。玉质淡绿色，绿中泛黄，器表微见土渍痕。通长为 22.5cm、宽为 11.4cm、厚为 1cm。N16M15：3，器体呈圆角长方形，板状，一端宽，另端窄。上、下两侧长边平直，左、右两侧略弧。长边一侧五个齿突，齿突端平而不起尖。体中部对称双孔。长边近顶中部对钻单孔。有正反面之分，两面均有与形制相应的浅凹槽纹，瓦沟纹直而粗，相应的阴线也宽而直，均显呆滞。通体抛光。已断为两截，断处以孔系，系孔选于阴线内，或在正反面加刻阴线内，由一面钻成。淡绿色，布满白色瑕斑，边缘一侧还有深褐色瑕斑。长为 16.4cm、宽为 5.65cm、厚为 0.55cm。

辽宁省阜新县胡头沟红山文化玉器墓 M1 中出土一件双钩玉凤。[1] 其表面有腐蚀的痕迹，一边有残缺，中心为透雕，卷云纹，四边展出卷角，表面磨出与纹饰相应走向的浅沟槽，上缘有两孔，为乳白色。现残存长为 7.5cm，宽为 4.8cm，厚为 0.6cm。

内蒙古巴林右旗那斯台遗址出土一件单勾玉凤。[2] 四角雕琢出

1　方殿春、刘葆华，《辽宁阜新县胡头沟红山文化玉器墓的发现》，文物 1984 年第 6 期。

2　巴林右旗博物馆，《内蒙古巴林右旗那斯台遗址调查》，《考古》1987 年第 6 期。

对称的外弯钩纹饰，上下两侧的边沿各有三处外凸，在上侧边沿有两个钻孔，中部透雕一朝左弯曲的勾云纹饰。整个正面，均按饰件的造型和纹饰琢磨出了凹凸分明的装饰线。长为18.2cm、宽为11cm。

内蒙古科左中旗哈民忙哈新石器时代遗址出土两件简化的双勾玉凤。[1] F46 ：11出土的饰件颜色为黄色，质地为透闪石，器身两面各有四道相对的瓦棱纹，刃边状，一侧与一端各穿一小孔，另一侧边呈锯齿状，长为8.8cm，宽为3.2cm，厚为0.4cm。F47 ：2出土一件长方形黄色饰件，正面有四道瓦棱纹，一侧近边钻有三个孔，另一侧呈锯齿状，一端近边处有一孔，背面中部有一道沟，截面为半圆形，有明显的螺旋纹，长为3.9cm，宽为2.5cm，厚为0.6cm。内蒙古科左中旗哈民忙哈新石器时代遗址出土两件单钩玉凤[2]，F44 ：1，质地为透闪石黄绿色玉，形状近似方形，一侧有两个小孔，雕琢精致，长为5cm，宽为4cm，孔径为0.4cm。F45 ：6，残长为2.5cm，宽为2.1cm，厚为0.4cm，孔径为0.15cm。

2. 玉龙

玉龙最大的特征是兽类特征明显，牛河梁遗址第二地点、第十六地点均有玉龙出土。[3] 牛河梁第二地点出土两件玉龙（图2-8），N2Z1M4 ：2，淡绿色，微泛黄。通体精磨，光泽圆润。背及底部有红褐色斑块，背面斑块大，颜色尤重，且不够光滑，

1 内蒙古考古研究所，《内蒙古科左中旗哈民忙哈新石器时代遗址2012年发掘》，《考古》2015年第10期。

2 内蒙古考古研究所，《内蒙古科左中旗哈民忙哈新石器时代遗址2012年发掘》，《考古》2015年第10期。

3 辽宁省文物考古研究所：《牛河梁红山文化遗址发掘报告（1983—2003年度）》，文物出版社，2012年。

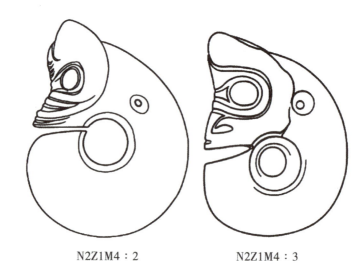

N2Z1M4：2　　　　　　　　N2Z1M4：3

图 2-8　红山文化典型玉龙示意图

疑为河磨玉的皮壳部分。龙体一面有白色瑕斑，近耳部有一道裂纹。龙体卷曲如环，头尾切开又似块。体扁圆而厚，环孔由两侧对钻，孔缘经磨光，圆而光滑。背上部钻单孔，孔缘不够规则。兽首形，短立耳较大，两耳之间从额中到头顶起短棱脊。目圆而稍鼓，目的圆度不够规则，吻部前凸，有鼻孔，口略张开。前额与吻部刻多道阴线，吻部阴线较少而深，为鼻下 2 道，鼻上 3 道。通体高为 10.3cm、宽为 7.8cm、厚为 3.3cm。N2Z1M4：3，白色蛇纹岩质。形近 N2Z1M4：2，唯体较小，头尾未完全切断，在环孔处尚有连接。头部刻画的线条甚为粗简，神态的表达远不如 N2Z1M4：2。通高为 7.9cm、宽为 5.6cm、厚为 2.5cm。牛河梁红山文化遗址第十六地点出土一件玉龙。N6M14：3，出土于墓主头骨东侧下，立置，玉器缺口方向和墓主头骨方向相反。淡绿色，泛黄，耳部见有土黄色斑沁，背部有裂纹，背和底部遗有原玉料凹坑点。质较匀，光泽度较高。体扁圆厚重，卷曲呈椭圆形，首尾间切开，相距较近，缺口处留有明显的切割痕。头部较大，前额微凸，两个圆弧形立耳稍向外撇，一耳尖部磨平。双耳间起棱脊，面部以阴线雕出圆目、口及吻部皱折，吻部前凸。长圆形鼻孔，鼻孔上下各三道皱折。嘴紧闭，嘴角微疵。所施线条甚浅，目部尤浅。体光素无纹，颈部对穿一圆孔。高为 9.69cm、宽为 7.62cm、中心孔径 1.93cm 至 2.21cm，颈部孔径 0.39cm 至 0.81cm、两耳宽为 3.01cm、厚为 2.61cm。牛河梁遗址采集到两件玉龙，其中一件为 20 世纪 70 年代建平县境内收集。白色，质匀，通体磨光甚精，一面有大片剥蚀。环体较厚，缺口内未切断，内缘相连。大小孔都为两面钻，大孔内可见明显中脊，小孔壁则显程钻的弦纹。头部甚大，约占到器体的一半，有短立耳，面部以流畅的阴线雕出目、口、齿及额与吻上的皱褶，其间配以减地阳纹式的瓦沟纹，有短耳。整体造型十分规整。宽为 10.7cm、高为 15.6cm、厚为 4.2cm。另一件为 1984 年张福店村收集。淡绿色，一面大部分为黄色皮壳，另一面耳部有裂纹，近底部有原玉料所遗凹坑点。环体，较扁平，缺口未切透，内缘相连，切口为平口，切面也经打磨光滑，大小孔都为两面对钻。以阴线刻出目、鼻，线条粗细不匀，以中部线条较粗，由中部向两侧渐由粗到细，且线条较短，有多处接头，有的接头或错开，或相交，显草率。宽为 10.2cm、高为 14.1cm、厚 4cm。

内蒙古巴林右旗那斯台遗址出土一件玉龙。卷曲扁圆柱形。首尾相近，额头隆起，有两个圆弧形耳，耳下浮雕圆眼，下颌部前伸，阴线刻两唇，闭嘴，鼻子凸出，尾端稍细，颈部对穿一圆孔，器表素面无纹。

巴林左旗十三敖包乡尖山子村刘家屯东山西坡出土一件玉龙。由灰白色玉料琢制，有黑色纹理和斑点，头部大，双耳宽厚，眼睛略呈扁圆，有方角，眼周饰以瓜子形圈；首尾缺口已断开。背部颈际中间有一小圆孔。面部有皱褶沟纹，线条较简单。背部颈际下表面有刻划的符号，阴文深1至0.5mm，玉龙通高为8.5cm，宽为6.2cm，厚为3.4cm。

辽宁省阜新县胡头沟红山文化玉器墓M12出土玉龙一件。[1] M12：1，完整器，通体磨光，工艺精致，圆润，光滑，整体扁平，较为厚重。龙体卷曲如环，头尾相连似玦，有环孔，两侧对钻而成，稍有偏差，孔缘为圆形，较为光滑。背部上方有孔，但不规则。龙体光滑且无纹饰，龙首部雕刻精美。长立耳，双目圆睁、微鼓，吻部微向前凸，两侧鼻孔微张，口紧闭。前额与鼻之间刻有五道宽大阴线，眉间三道阴线与眼眶线相通，鼻部由两道阴线表现，口部为一道阴线。整体为淡绿色，轻微泛黄。宽为10.1cm、高为13.5cm、厚为3.3cm、孔径3.2cm至4.3cm。

3. 玉龟

玉龟主要出土于牛河梁遗址（图2-9）和胡头沟遗址。牛河梁第二地点一号冢21号墓出土一件玉龟。[2] N2Z1M21：10，有黄色瑕斑，淡绿色玉。平面近椭圆形，龟背隆起，龟背上雕琢三道竖脊凸线，中脊高两侧脊低，龟背纹为阴线勾勒，纹路匀称规矩。龟的头尾作收缩体内状。腹甲稍残，中心有一圆凹窝，在凹窝壁上琢一对穿孔，可用于竖向穿插挂缀。腹周边缘处刻划数道放射

1 方殿春、刘葆华：《辽宁阜新县胡头沟红山文化玉器墓的发现》，《文物》1984年第6期。

2 辽宁省文物考古研究所：《牛河梁红山文化遗址发掘报告（1983—2003年度）》，文物出版社，2012年。

状短线，龟背与腹之间切割楔形槽，龟背向下。整体造型逼真，玲珑晶莹。龟背长为 5.3cm、宽为 4.1cm，腹部残长 4.5cm、宽为 3.8cm、圆凹径为 2.3cm、龟体通高为 2.7cm。

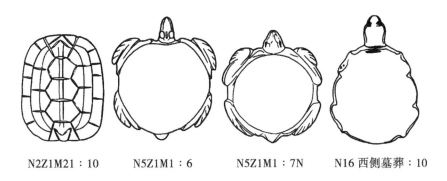

N2Z1M21：10   N5Z1M1：6   N5Z1M1：7N   N16 西侧墓葬：10

图 2-9　红山文化典型玉龟标木示意图

牛河梁第五地点 M1 出土两件玉龟。[1] N5Z1M1：6，出土于右手部位。质较匀，局部有白色瑕斑，有光泽。体显瘦，头部较窄小而长，目圆鼓较显，睛以细阴线表现，双目间有凹槽，表现嘴的阴线较短，足收，爪以阴线刻出，尾略长，腹面中部磨出一较大的圆形凹窝，为雄性特征。长为 9cm、宽为 7.8cm、厚为 1.9cm。N5Z1M1：7，出土于左手部位。满布白色斑块，且有裂纹，腹底遗有原玉料凹坑点。背中部稍显磨平。体较 N5Z1M1：6 肥大，头部较宽厚，目圆鼓，目中表现睛的阴线稍宽，双目间稍凸起，表现嘴的阴线较长，足收，爪亦以阴线刻出，尾短，尾中部磨出一凹坑，两侧也稍加磨出下斜面，为雌性特征。长为 9.4cm、宽为 8.5cm、厚为 2cm。

1　辽宁省文物考古研究所：《牛河梁红山文化遗址发掘报告（1983—2003 年度）》，文物出版社，2012 年。

牛河梁第十六地点 T0812 出土一件玉龟。[1] 青白色，体中部有白色瑕斑，尾部边缘有黑褐色瑕斑，不显光泽。平面近椭圆形，头部近似三角形，有口与目的简略表现，颈部前伸，吻突呈圆尖状，背部略鼓，颈上用一道阴刻线界定背甲与裙边分界，周边用磨薄与"V"形豁口概略表现裙边与蜷缩四足，无尾部的明确表现。腹部趋平，颈下借助两道纵向"V"形减地沟槽，斜钻横穿一隧孔。通体抛光。此件玉器造型概略，用精练的手法，表现蜷足、缩尾、伸颈，将玉龟的动作特点较为准确地表达出来。长为 6.2cm、宽为 4.4cm、厚为 0.9cm。

辽宁省阜新县胡头沟红山文化玉器墓 M1 中出土两件玉龟。[2] M1：6，淡绿色，颈部向前伸，龟背形状近似椭圆，腹部正中有一竖脊，竖脊正中横穿一孔，长为 3.9cm，无其他的细部特征。M1：7，淡绿色，头部微向里缩，雕出眼睛、爪等细部特征，龟背向上轻微鼓起，龟背近似六角形，背部没有纹饰，腹面有两个穿孔，长为 3.9cm。

4. 其他

除了凤、龙、龟外，红山文化动物类玉器还有玉蝗；此外，除了动物造型玉器，在牛河梁第十六地点还出土一件玉人。数量均不多（图 2-10）。牛河梁遗址第五地点出土一件玉蝗，N5Z2M9：1，青绿色，有瑕斑。精工雕刻出头部、双翅和下弯的腹部。身体部分仅勾勒出轮廓，没有雕刻细节，但对头部和面部的眼、嘴颊等器官做了较细致的表现。刀工洗练，线条简洁明快，形神

1　辽宁省文物考古研究所：《牛河梁红山文化遗址发掘报告（1983—2003年度）》，文物出版社，2012年。

2　方殿春，刘葆华：《辽宁阜新县胡头沟红山文化玉器墓的发现》，《文物》1984年第6期。

图 2-10　红山文化其他动物类玉器及玉人示意图

兼备。腹下前部对钻一个穿孔，可用于佩系，长为 5.5cm。牛河梁遗址第十六地点出土一件玉蝗，N16Z1 ： 47，出土于 T0809，淡绿色，绿中泛黄，一侧遗有原玉料岩面的凹坑点。器体圆雕，略呈长方形，用减地沟槽将体躯分成头、胸、腹三部分。头部呈长方形，上窄下宽，用多重阴线将上部复眼与下部口器分开，口器较粗壮；胸部较短，背顶用"V"形凹槽状宽线与翅膀分界，胸下用阴刻线表示两对前腿；腹部细长，用宽沟槽短线表现四道腹节，腹尾圆尖，略呈下垂状，腹上用锐利沟槽与磨豁技法与上扬翅膀分离，沟槽有歧出现象；翅膀呈直翅形，前翅叠压后翅，前翅狭窄而后翅较宽，作振翅欲飞状，上部正中用一道沟槽将翅膀对分左右。位于头、胸之间的沟槽深，内对穿一圆孔，管钻而成。通体抛光。此件玉器线条粗简，但各部位都表现得细致到位。长为 5.4cm、宽为 1.4cm、高为 2.35cm。

　　牛河梁第二地点一号冢 21 号墓出土一件兽面牌饰。玉呈淡绿色。体扁平光洁，双面雕琢兽首形象。双耳大且竖起，镂空圆目及鼻孔，阴线刻出耳、眉际、鼻、嘴部廓线。吻部宽大，嘴角下咧，下颌窄尖，上有对钻二小孔，可穿系捆绑，有插磨使用痕迹。整体造型，神秘庄重，线条简洁明快，表现准确。通高为 10.2cm、最宽为 14.7cm、厚为 0.4cm。

牛河梁红山文化的十六地点出土一件玉人。N16M4：4。淡绿色玉，绿中泛青，玉质细密坚硬。玉人为整身形象，立姿。其中正面由左右两个平面在中部呈棱脊状接合而成，略显圆厚，最厚处达 2.34cm；背面由一个微弧面组成，稍显平缓。背脊隆起，头端与脚端磨薄且微向前翘。颈部两侧和背面有 3 个圆孔，通体抛光。高 18.5cm、最厚 2.34cm。

辽宁省朝阳市半拉山红山墓地 M12 出土一件兽首形柄端饰。[1] M12：4，完整器，磨制规整，工艺精致，通体磨光，整体光滑，润泽。整体为楔形，一端厚重，雕刻出兽首形，一端较薄，制作为榫头，兽首雕刻精美，双耳直立，耳廓圆润，双目是一对钻的穿孔，两侧钻孔稍偏差，孔不规则，额头微耸，圆短吻，鼻尖上翘，口微张，下颌宽厚，颈部内收出棱，下接楔形榫头，表面未打磨。长为 6.1cm，宽为 4.5cm，厚为 2.4cm，整体为乳白色，微微泛灰。

三、生殖类

生殖类玉器主要特征是模仿男祖和女祖造型，形制和大小都高度仿真。主要有男祖和女祖两型（图 2-11）。

1. 男祖

牛河梁遗址第二地点和第五地点各出土一件男祖。[2] N2Z1M11：3，白色，磨制，剥蚀甚，两侧有内凹的坑点，应为玉料的原面。体甚长，上体较直，下腹略显内弯。头端圆，下腹显

1　辽宁省文物考古研究所，朝阳市龙城区博物馆：《辽宁朝阳市半拉山红山文化墓地》，《考古》2017 年第 7 期。

2　辽宁省文物考古研究所：《牛河梁红山文化遗址发掘报告（1983—2003 年度）》，文物出版社，2012 年。

肥厚，尾端尖。颈部以一周阴线显示首身分隔，以下有二匝凸起。
长 12.7cm、最大径 1.9cm。N5SCZ1 ：3，玉质纯白，短身，扁圆体，
整体显圆而厚，似蚕蛹，头部稍长而圆鼓，头的端面磨出小平面，
凹腰，腰间阴刻四道弦纹，弦纹较粗，可见接头处，尾端面平，
长为 6.1cm。

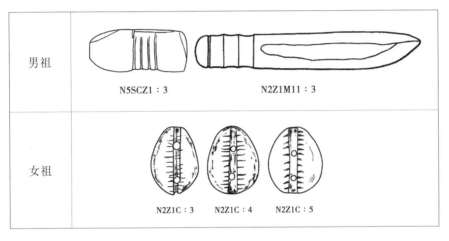

男祖	N5SCZ1 ：3	N2Z1M11 ：3
女祖	N2Z1C：3　　N2Z1C：4	N2Z1C：5

图 2-11　红山文化生殖类玉器示意图

内蒙古巴林右旗那斯台遗址出土四件玉质男祖。[1] 两件形制相
同，圆柱体。前端较粗。头部中间浮雕两个圆眼，两眼间有一凸线，
上缘为额头阴刻状纹，边下缘沿施两个小乳状突；颈背部刻出形
凸线纹，腰背部横刻两道凸纹；尾端向背部翘起，腹部素面无纹；
两侧对穿一透孔，刻工精致，形象逼真，长为 7.8cm、径为 3.3cm。
另两件稍大。头额部阴刻"八"字形纹饰，两圆眼间有一钻孔直
透尾端，腰部亦有一横向钻孔同纵向钻孔交叉，背部有四道凸弦纹，

1　巴林右旗博物馆：《内蒙古巴林右旗那斯台遗址调查》，《考古》1987 年
第 6 期。

尾端腹面阴刻一弯月形沟痕，长为 9.9cm、径为 3.8cm。

白音长汗 M7：1 出土一件玉质男祖[1]，圆雕，磨制光滑，弧背，在头前顶部有一浅凹槽，底部有两个竖向凹槽，呈八字形，两个横向凹槽分布两侧，往下两道横向凹槽，接着一道内凹，腹部装饰四道凹槽，头部有一个圆形横向的两面对钻的孔，孔径为 0.3cm 至 0.5cm，厚为 1.1cm，宽 1cm 至 1.2cm，长 3.55cm。

2. 女祖

牛河梁第二地点出土三件玉质女祖。[2] 1985 年夏于 N2Z1 的冲沟内清理出土。都为白色玉质，大小、形制相近。都经磨制，近扁平体，正面正中作一竖向通体凹槽，使贝的横截面近似凹字形。顶面平弧，磨出一小台面，沟槽两侧刻划多道平行短线，由槽内一面钻二通透小孔。标本 N2Z1C：3，正面稍鼓，背面较平。凹槽稍宽而深，槽边直，槽内可见刻槽痕，槽两侧分别刻出 9，12 道短线，短线稍显下斜方向。长 2.1cm、宽 1.75cm、厚 0.65cm，凹槽宽 0.25cm—0.3cm、深 0.25cm，孔径 0.2cm。标本 N2Z1C：4，正面稍鼓，背面稍平，凹槽较宽，槽两侧各刻出 11，13 道平行短线。长 2.3cm、宽 1.75cm、厚 0.75cm，凹槽宽 0.3cm、深 0.25cm，孔径 0.2cm。标本 N2Z1C：5，形较小，正背面都显圆鼓，凹槽较窄，且一端延至端顶边缘，槽两侧各刻出 13 道短线，线甚短而浅。双孔从凹槽外边缘钻起，两孔之间另有一浅凹槽将双孔相连。背面另见 2 组斜穿透孔。长 2cm、宽 1.4cm、厚 0.7cm，凹槽宽 0.2cm、深 0.15cm，孔径 0.2cm 至 0.35cm。

---

1 内蒙古自治区文物考古研究所：《白音长汗——新石器时代遗址发掘报告》，科学出版社，2004 年。

2 辽宁省文物考古研究所：《牛河梁红山文化遗址发掘报告（1983—2003 年度）》，文物出版社，2012 年。

内蒙古巴林右旗那斯台遗址出土两件女祖，巴林石制成。一件桂叶形，前端略弯呈钩状，中段向面隆起并琢出两条平行的凸形纹，尾端两面对称减薄并有一钻孔，周边均呈薄边；此外在靠尾端的一面，还有一弯月形刻痕，长6.8cm、宽2.5cm、厚1cm。另一件椭圆形，中间钻一圆细孔，形体较小，制作精致，长1.6cm、宽1.1cm。

四、工具类

1. 玉斧

在辽宁省朝阳市半拉山红山墓地M13出土一件玉斧。[1] 完整器，通体磨光，表面光滑，有光泽，整体较扁，平面为梯形，顶为弧形，斧体两侧错位切割，未打磨，保留了错切形成的凸棱，双面刃为弧形，刃较锋利，有使用过的痕迹，整体为深绿色，一侧面有大片灰白色瑕疵。长为18.9cm、顶宽为5.8cm、刃宽为7.6cm、厚为2.3cm，

内蒙古巴林右旗那斯台遗址出土两件玉斧。[2] 一件近长方形，斧身扁平弧形柄端，两面磨成略宽的斜刃，通体磨光。长为13.5cm、宽为5.8cm。另一件柄端平齐，圆弧刃，柄部有一圆孔，扁平磨光。

洪格力图红山文化墓葬调查采集一件玉斧。[3] 整体呈乳白

1　辽宁省文物考古研究所，朝阳市龙城区博物馆：《辽宁朝阳市半拉山红山文化墓地》，《考古》2017年第7期。

2　巴林右旗博物馆：《内蒙古巴林右旗那斯台遗址调查》，《考古》1987年第6期。

3　苏布德：《洪格力图红山文化墓葬》，《内蒙古文物考古》2000年第2期。

色，有分布不均的点状玉质，形制与上述石斧基本一致。长为14.4cm、宽为7.0cm、厚为2.05cm。

2. 玉锛

在牛河梁红山文化第二地点一号冢M23出土了一件玉锛。[1] M23：2，体为扁平片状，一边刃为弧，其他三边为直刃，缘部均较圆钝。中心有圆孔，直径为3cm。在与弧刃相对应的直边近缘部中部穿有双小孔，孔间磨有系沟。整体为淡青色，表面大部分泛白，背面有土沁痕迹。长为12.4cm、最宽为10.5cm、厚为0.6cm、小孔径为0.4厘米。巴林左旗友好村新石器时代墓地M1：2出土一件平面呈梯形的玉锛，刃部略斜，浅绿色岫岩玉质地。[2]

1 辽宁省文物考古研究所：《牛河梁红山文化遗址发掘报告（1983—2003年度）》，文物出版社，2012年。

2 王巍：《中国考古学年鉴》，中国社会科学出版社，2018年。

第三章 物尽其用

玉器是红山文化时期最具标识性的特征之一，具有地方特色。根据玉器的类型可以大致分为几何类、动物类、生殖类、工具类四大类。从玉器出土情况看，绝大多数玉器都出土于墓葬中，即呈现"唯玉为葬"的特征。每一类器物都具有相对稳定的共性特征，如几何类玉器都有非实用功能的穿孔，动物造型玉器几乎没有非实用功能的穿孔；几何类玉器看似数量很多，但主要造型只有璧、筒、管、环四型，动物类玉器虽造型丰富，但重点突出的只有凤、龙、龟三种。这表明红山文化时期，玉器功能十分稳定，居民加工制作玉器的目的也是十分明确的。

一、通天——几何类玉器

根据玉器整体造型特点，几何类玉器又可以分为玉璧、玉筒、玉管、玉环、玉坠饰。特别值得注意的是，几何造型玉器基本上有一个共同的特点，有中空的圆孔，可以看到几乎全部几何类玉器都有。不管几何形玉器中每一类器物的形制如何变化，中间大而圆的孔几乎都是一致的。红山文化时期，生产力发展水平有限，人们获取丰富的食物资源尚不能得到保证，却耗费大量的人力和物力去生产加工玉器，显然不是为了装饰。据此推断，几何形玉器中间的圆形孔并非为了方便佩戴而制作的，应与敬天通神有关，而敬天通神的目的就是为了求得神灵护佑，获取丰富食物资源，维系部落生存繁衍。接下来的问题是为什么要制作多种造型的几何形玉器呢？我们可以先从牛河梁红山文化遗址第二、第三、第五、第十二地点一些保存较好的墓葬着眼，分析总结玉器随葬的共性特征。

先从第二地点选取四座保存较好的墓葬（图 3-1）。

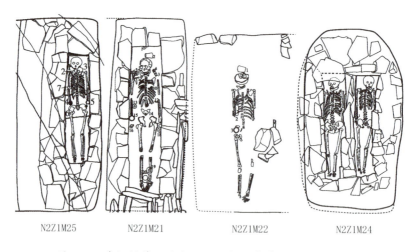

N2Z1M25　　　　　N2Z1M21　　　　　N2Z1M22　　　　　N2Z1M24

图 3-1　牛河梁第二地点一号冢部分墓葬出土玉器位置图

N2Z1M25 随葬品均为玉器，共 7 件。斜口筒形器 2 件：一件出于墓主颈部，横置，器平口端朝左（北），斜面朝下；另一件出于右腹部，出土时，器平置，平口朝向头部，短面和斜面朝上。管状器 1 件，出于右胸部。镯 2 件：一件出于右腕部；另一件出于左腕部。珠 2 件：一件出于颅骨右侧，一件出于颈部的斜口筒形器上。

N2Z1M21 共随葬玉器 20 件。兽面牌饰 1 件，出在墓主的腹部，陈放平正。斜口筒形器 1 件横置于墓主头顶部，出土时斜口面朝下，平口端向南。龟壳 1 件出于左胸部，腹面朝上。勾云形器 1 件陈放于左肩上部，其下叠压 1 件玉璧。玉管 1 件置于右肩角处。璧 10 件：出于头骨左侧一件，出于头骨右侧 1 件；出于头骨侧颌下一件，出于左小臂内侧一件；出于右小臂内侧一件；出于右手下端一件，出于左手下端一件；出于左股骨外侧一件；陈放于左小腿骨下一件，陈置双小腿骨下一件。双联璧 2 件：叠置于右肩部。珠 1 件出土于上腹处。镯 1 件出土于右腕部。璧形饰 1 件出于西端壁下。

　　N2Z1M22 出土 3 件玉器，计斜口筒形器、勾云形器、镯各 1 件。斜口筒形器 1 件出土于颅骨顶部，横置，斜口朝下，平口朝左；勾云形器 1 件出土于右胸侧，竖置。镯 1 件出土于墓主右腕部。

　　N2Z1M24 墓室为南、北双室，北室为成年女性，南室为成年男性。北室葬一成年女性，随葬勾云形玉器 1 件，置下腹部；玉镯 1 件，戴在右腕部。南室亦葬一人，为成年男性，随葬玉镯 1 件，佩带于右腕上。

　　再从第三、第五、第十六地点选取四座保存较好的墓葬（图3-2）。

　　N3M7 墓主为男性，年龄 45 岁左右。随葬玉器 3 件：斜口筒形玉器、玉镯、大玉珠各 1 件。斜口筒形器 1 件出土于人头骨后部，长面朝上，平口向东北。镯 1 件出土于人骨架右腕部。珠 1 件出土于人骨架右胸部。

　　N5Z1M1 墓内随葬 7 件玉器，包括璧、鳖各 2 件，鼓形箍、勾云形器、镯各 1 件。璧 2 件出于头部两侧；鼓形箍 1 件出土于胸部。

勾云形玉器 1 件与鼓形箍同出土于胸部，有隧孔的反面朝上，一角压在鼓形玉箍之上。镯 1 件出于右手腕处。鳖 2 件分别出于左、右手部位，右手部位为雄性，左手部位为雌性。

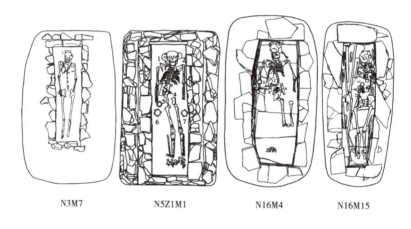

| N3M7 | N5Z1M1 | N16M4 | N16M15 |

图 3-2　牛河梁第三、第五、第十二地点部分墓葬出土玉器位置图

N16M4 墓室内出土随葬品 8 件，其中玉器 6 件，绿松石坠饰 2 件。玉器计有凤 1、斜口筒形器 1、玉人 1、镯 1、环 2 件，分置于墓主人头、胸、腰腹部位，均保存完好。凤 1 件，出土在头骨下，横置，有正反之分，出土时正面朝上。斜口筒形器 1 件出土在人骨右肋第六肋骨上，顺置，斜口面朝上。镯 1 件套在右手腕上（出土时位于近肘部）。玉人 1 件出土在左侧盆骨外侧，顺置，背面朝上。环 2 件质地相同，应为一块玉料制作。出土在盆骨上，两件交互叠压在一起。绿松石坠饰 2 件，分置在玉环内，形制相同，应为一对。

N16M15 随葬品玉器 3 件。玦 1 件出土于右侧胸部肋骨上；环 1 件出土于胸腹结合处中部，平置，位置偏高。勾云形器 1 件出土于腰椎骨下，顺人体方向平置，正面朝上。

通过分析玉器出土位置我们发现：牛河梁遗址出土的不同造型的几何形玉器在随葬时和墓主身体部位有一定的对应关系。

第一，玉筒与头部有对应关系。学术界一直对玉筒功能存在着非常大的争议。但学者们普遍认为玉筒是用于祭祀的与神沟通的通道。玉筒是红山文化玉器中最重要的玉器之一，牛河梁遗址中的随葬中玉筒也有所出土，主要随葬在死者的头部和胸部。牛河梁墓葬中出土的玉筒共17件，在有明确出土位置的16件玉器中，8件位于头部，5件位于胸部，2件位于腹部，1件半成品位于足部。从出土位置观察，玉筒在墓葬中的出土位置大多出土于死者头部，应该为束发通天的器物。早在牛河梁遗址发现之后，李文信先生认为此器是一种玉冠，将头发装在圆筒里，用算子在斜口处别住，立在头上。[1] 孙力先生通过对玉筒进行模拟实验，基本确定位置在头顶，是王冠。[2] 学者杨美莉进一步提出它戴在头上的目的并不仅仅是为了束发这么简单，而是通天法器。[3] 笔者认为一方面玉筒的口径、大小、高度非常适合用于束发，对钻斜口的双孔对于固定发髻有一定的作用；另一方面，玉筒上下中空，对上能与天庭沟通、对下能贯通整个人体，十分符合古人的心理诉求。

第二，玉管与颈部和胸部有对应关系。玉管出土数量较少，多出土于墓主的胸部和颈部，并且一般为一墓一件。从形状上看，

1　朱贵、徐英章：《李文信关于红山玉器的一封信及馆藏几件红山玉器研究》，《辽宁省博物馆馆刊》（第3辑），2008年。

2　孙力、王忠华：《红山文化马蹄形玉箍功能撷谈》，《第九届红山文化高峰论坛论文集》，吉林出版集团有限责任公司，2015年。

3　杨美莉：《夙荷前规、方传景祚——新石器时代北方环形玉器系列四——圆角方璧与马蹄筒形器》，《故宫文物月刊》1993年。

如管状，个体较大，端的平面多呈方圆形，端面常磨出凹面，体中束腰，有如椎骨。从出土位置上看，在 N2Z1M21，N3M7 两座墓中，都单独出土于墓主胸前的正中，可知也是一种较为重要的玉类。据此推断，玉管很可能是通过穿绳系带于胸部或挂在脖子上。虽然玉管类玉器的体型与玉璧、玉环相比较小，但与玉璧、玉筒、玉环（镯）类玉器在功能上具有同等重要的地位。玉管大多串戴在胸部和颈部，与身体躯干部通天有关。如果说玉筒是头部通神的话、玉镯代表手部、玉管可能代表人体躯干和头部连接的颈部，应该是与肉身通天有关。

第三，玉环（镯）与四肢有对应关系。牛河梁遗址发掘出土玉器的墓葬有 37 座，16 座墓葬出土发现玉镯，成对出现的墓葬有 6 座，单件出土的有 10 座墓葬，均佩戴于死者的手腕部，在牛河梁遗址出土发现的玉镯一般单个出土的位于死者的右手腕处，成对出土的位于死者的左右手腕上。发掘者认为镯出土时有套于手腕的实例，有男性单镯套于右腕，女性双腕各套一镯的规律。环体小于镯，多成对出现，有和脚腕对应的迹象。据此推断，玉镯和玉环应是分别与手腕、脚腕对应的，被认为是四肢部位与神沟通的介质。

第四，玉玦和玉坠与耳部有对应关系。玉坠饰的形式多样，有方形、鸡心形片状、圆珠形、半圆形、扁圆形、菱形等。玉坠的形制比较小，如辽宁省半拉山红山墓地出土的坠饰直径为 1.6cm[1]，巴林左旗友好村新石器时代墓地出土的直径分别为

1　辽宁省文物考古研究所、朝阳市龙城区博物馆：《辽宁朝阳市半拉山红山文化墓地》，《考古》2017 年第 7 期。

1.4cm, 2.1cm, 1.8cm。[1] 由此可知玉坠饰的体型一般较小，造型多样。此外，出土位置大多位于墓主的耳部，与耳部有对应关系。如牛河梁遗址共5件，出土于3座墓中，为绿松石质，绝大多数附背面黑色皮。出土时置于耳旁，为耳坠，两墓（N2Z4M2，N16Z1M4）成对出土，一墓（N2Z1M23）为单件，玉坠相对于玉璧、玉镯之类的器物来说，虽个体小，但形制多样，也是一类十分重要的功能性玉器。据此推断，玉坠绝大多数在墓主耳部出土发现，不是为了装饰，而是为了聆听天意。

上述四型玉器组合是为了敬天而制作的神器。从表象上看，死者头部佩戴玉筒，颈胸部上佩戴玉管，手腕上佩戴玉镯，耳部佩戴玉坠饰，这是一组完整的器物组合，实现了玉器对身体的全覆盖。实质上，红山文化居民可能是想借助几何形玉器实现通天夙愿。或许他们认为，头部能产生意念，颈胸部能够与身心相通，四肢可以采取行动，耳部能够聆听天命。只有身体佩戴几何形玉器，才能拥有通天的资质。

那么，有了通天资质，通道在哪里？红山文化居民继承了东北地区早期的原始与信仰，找到了通天渠道——玉璧。苍璧礼天、黄琮礼地，至迟在商周时期玉璧已经被作为重要的礼器。玉璧应具有礼天的功能。《管子·形势解》指出："明主之动静得理义……故虽不用牺牲珪璧祷于鬼神，鬼神助之，天地与之，举事而有福。乱主之动作失义理……故虽用牺牲珪璧祷于鬼神……故曰：牺牲珪璧不足以享鬼神。"可见，玉璧有供奉之功能。和氏璧的记述也表明玉璧的重要性，它不仅仅是财富的象征，上层阶级还会将玉璧用来敬天，更希望得到上天护佑。红山文化时期玉璧的

1　王巍：《中国考古学年鉴》，中国社会科学出版社，2018年。

通天功能可从 N2Z1M21 中随葬的位置一窥究竟。从出土位置看，N2Z1M21 中的 12 件玉璧几乎是铺垫在死者身体头部、颈部、背部、胳膊、手部、腿部的各个部位之下，具有很强的规律性。

牛河梁遗址 N2Z1M21 出土玉璧位置统计表

出土地点	出土位置	外径（cm）	内径（cm）	厚（cm）
N2Z1M21：4	头骨左侧	5.7	2.4	0.4
N2Z1M21：5	头骨右侧	8.4	3.4	0.5
N2Z1M21：9	下颌处	12	3.9	0.6
N2Z1M21：6	右肩部	长 5.5	宽 4.7	0.3
N2Z1M21：7	右肩部	长 6.1	宽 4.9	0.3
N2Z1M21：12	左小臂内侧	4.8	2.4	0.25
N2Z1M21：13	右小臂内侧	8	3.7	0.6
N2Z1M21：16	右手下端	5.4	1.9	0.4
N2Z1M21：17	左手下端	9.8	4.2	0.4
N2Z1M21：18	左肱骨外侧	7.9	3.5	0.5
N2Z1M21：19	左小腿骨下	9.8	3.6	0.7
N2Z1M21：20	右小腿骨下	14.7	7.2	0.7

二、奉神——动物类玉器

动物形玉器仅有实用性的用于穿戴的穿孔，却没有其他非实用性功能的圆孔，这是动物类玉器不同于几何类玉器的最大区别。红山文化动物造型玉器主要有玉凤、玉龙、玉龟三类。

玉凤是红山文化动物形玉器中造型最为复杂的一类，是红山文化最具标识性的图腾，出土位置也最重要，一般于墓主的胸部平放。凤者，鸟也。根据玉凤的题材内容可以将玉凤分为抽象性玉凤和具象性玉凤两大型，具象性玉凤即为具体的鸟的形象，如鸟、鸮、凤等；抽象性玉凤双钩形和单钩形两类。玉凤题材的玉器多在等级较高的墓葬中出土发现，其中特征明显的是猛禽造型。张星德先生认为辽西地区史前鸟崇拜是中华文化龙凤崇拜的重要源头，并且其鸟文化与周边地区考古学文化存在着或多或少的联系。[1]牛河梁第二地点一号冢内的中心大墓 M26 出土的双鸮玉佩，喙部完全张开呈方形，圆凸的鸮眼和尖锐的鹰喙是其最明显的表现特征，是不可多得的玉器精品。除了中心大墓中出土造型鲜明的鹰外，在其他墓葬中也有所发现。如牛河梁第二地点一号冢内的 M17 出土一件凤首，M23 出土的鸟兽纹玉佩，器物虽然形态各有千秋，但具有明显的写实性特征，想象力丰富。红山文化时期如此崇拜凤鸟的原因，应该与红山文化时期的生业模式和生活方式有关。一方面，继承了兴隆洼时期的渔猎采集为主的生业模式，红山文化居民过着居无定所的迁徙生活，过着以渔猎为主的生活，人们整天与天上飞的、地上跑的、河里游的动物共存。为了获得丰富的食物来源，人们更多地相信鹰隼等鸟类动物可以有更为优越的捕猎本领。另一方面，红山文化居民频繁迁徙的迁居生活让他们更愿意相信猛禽的力量，因为无论是陆地动物还是海洋生物，从运动的角度看都无法和空中鸟类比肩。作为空中的猛禽它们既能翱翔在天空，又能逐鹿于大地，几乎没有天敌，被视作神灵。红山文化玉鸟造型极其丰富，既有展翅欲飞的，也有登立枝头的；

1　张星德、李能交：《辽西地区史前鸟形象作品的考古学观察与研究》，《北方文物》2020年第1期。

既有回首梳理羽毛的，也有大张其口的；既有抽象的，也有写实的。凤鸟很可能是红山文化时期的重要图腾，它是红山时期最高的精神信仰。

玉龙是红山文化玉器仅次于玉凤的一类重要器物。玉龙题材的玉器在红山文化时期最高等级中心大墓中很少出土，可见，其地位应该比玉鸟类器物要低。孙首道、郭大顺两位先生很早就提出"龙首形象最初来源之一当与猪首有关。"[1]的观点。薛志强先生认为"红山时期玉猪龙成批出现，是有着深邃厚重的历史文化积淀。"[2]红山文化时期由于食物资源短缺，在红山文化时期唯玉为葬的大传统下，逐渐改变了实物随葬的传统，改用玉器随葬，抑或是通过制作玉猪龙来奉祖神。从某种角度上看，玉猪龙的出现和"C"形玉龙的出现一样，都是祭祀活动发展到一定阶段的必然产物，主要是用来供奉神灵的一种形式。玉猪龙造型以猪为原型，这和红山文化时期分布区的动物资源特点十分吻合。猪是红山文化时期居民最重要的食物来源之一，因此，玉猪龙是基于物质层面而产生的原始信仰。红山文化时期居民的生业模式以渔猎采集为主，其中，野猪在红山文化时期居民的食谱中占有十分重要的地位，特别是红山文化时期晚期，随着鹿科动物数量的逐渐减少，野猪在食谱中的数量逐渐占据统治地位。从考古发掘资料来看，玉猪龙大多并非出自中心大墓，而是出土在等级和规格不是最高的墓葬中。这说明玉猪龙远没有玉鸮、玉鹰类玉器重要，上升到精神层面应该低于玉凤类玉器。一座墓葬出土两件玉猪龙的情况

1 孙守道、郭大顺：《论辽河流域的原始文明与龙的起源》，《文物》1984年第 6 期。

2 薛志强：《关于红山文化玉雕龙造型的考证——兼谈中国人不是"猪"的传人》，《辽宁师范大学学报（社会科学版）》，2007 年第 5 期。

表明，这很可能与兴隆洼文化墓葬随葬两头猪的现象一致，是一种文化传承和演变，是祭祀祖先的需要。

玉龙除了猪首之外，还有一种"C"形玉龙。目前，经过考古调查采集的"C"形玉龙共有 2 件，分别出自东拐棒沟遗址和赛沁塔拉遗址。赛沁塔拉遗址出土一件身体蜷缩呈"C"字形，墨绿色，吻部前伸且上翘，鼻端和嘴巴紧闭，呈椭圆形，有一对对称的双圆形穿孔，学术界普遍认为这应该为鼻孔，弯曲上卷的颈脊上装饰有扁薄片状长须，凸起的两只眼睛呈菱形状，尾端内卷，玉龙身体的中部偏上有一对穿的单孔。高 26 厘米、须长 21 厘米、单孔孔径 0.3cm—0.95cm。东拐棒沟遗址出土 1 件龙的身体蜷曲呈"C"字形，黄绿色，吻部前伸且上翘，嘴巴紧闭，凸起的两只眼睛呈菱形，颈的后面装饰一道长鬃，略微向上翘，尾部向内卷曲。器体中部有一钻孔。高 16.8cm，鬃长 7.5cm、钻孔孔径 0.7cm—0.8cm。邵国田通过对"C"形玉龙和南台地尊形器上的刻划纹图案的比较，也认为它可能属于赵宝沟文化[1]，邓淑苹和郭大顺两位先生也赞同这种观点。刘国祥认为 C 玦形猪龙属于红山文化时期。[2] 笔者也认为"C"形玉龙为鹿的造型，属于赵宝沟文化时期，因为无论是从考古发现的动物资源上分析还是从器物造型特点，鹿在赵宝沟文化时期都有着不可替代的作用。赵宝沟文化时期出土的鹿科动物骨骼占比最高，是居民的主要肉食资源，以鹿为原型的"C"形玉龙与当时的自然环境和食物来源密切相关。"C"形玉龙的出现可以反映出先民们对于鹿这种食物资源的需求，渴望通过其来满足

1 敖汉旗博物馆：《敖汉旗南台地赵宝沟文化遗址调查》，《内蒙古文物考古》1991 年第 1 期。

2 刘国祥：《红山文化研究》，科学出版社，2015 年。

生活的需要，可以认为其是奉神的产物。

　　玉龟题材的玉器在红山文化时期的高等级大墓中出现，这也可以被认为是红山文化时期的居民对龟的崇拜。现有的考古资料发现表明，在红山文化时期之前的兴隆洼文化、赵宝沟文化都没有出现"龟"这一题材的器物，也没有与"龟"崇拜有关的任何信息；而大量的龟板却在东部沿海的大汶口文化诸多的遗址中发现，那么我们可以认为红山文化时期晚期的居民对于"龟"的崇拜可能是受到了大汶口文化影响。但是，红山文化时期只陪葬玉器的传统又与大汶口文化时期用实物陪葬的传统不大相同，大汶口文化则用真实的实体猪和龟作为陪葬品，而红山文化时期用玉猪龙和玉龟作为随葬品。牛河梁 N5Z1M1 是保存完好的中心大墓，出土玉器基本保留在原位，其中两件玉龟在墓主双手部位出土发现，出土的动物造型玉器还有 1 件抽象性单钩形凤。胡头沟出土的两件玉龟虽然无法判断出土位置，但是在中心大墓里出土发现的，和玉龟共出的还有 1 件抽象性单钩形玉凤，另有 3 件具象性玉凤。龟是江河湖海里的生物，在红山文化时期居民看来龟是和空中的鹰隼、地上的猛禽视为同等重要的神灵，龟能将处于水患中的民众拯救出来。无论是玉凤、玉龙还是玉龟，这些动物类玉器都体现了它们在奉神方面的作用与意义。

　　总的来看，红山文化时期人们敬奉的神灵是立体的，既有空中的、陆地的，也有海洋的。如果说玉凤代表天上的飞禽，那么玉龙则代表地上的走兽，玉龟则代表海里的神灵。但是，除了凤鸟造型丰富且多出现于中心大墓外，其他动物形玉器形制十分单一、一般不出现在高等级墓葬中，这表明以牛河梁遗址为代表的红山文化晚期凤鸟造型玉器远比龙龟造型玉器受重视。此外，牛河梁遗址出现的玉臂鞲也与鸟有关，有学者甚至认为红山文化玉臂鞲具有架鹰的功能，并把它玦辽代四时捺钵时架海东青的玉臂鞲相联系。据此我们推断：红山文化时期信仰的动物神是有主有次的，动物神中凤是最重要的，龙次之，龟再次之。可以这样说，红山文化是凤鸟文化，以凤鸟为最主要图腾。

三、崇祖——生殖类玉器

郭沫若先生指出：甲骨卜辞中的祖妣二字，分别象征着男根、女阴之形。其本义为牡、为牝，进一步引申为男女的标志，从而成为男女祖先的代名词。[1]

红山文化崇祖的信仰首先表现在生殖类玉器造型上。内蒙古巴林右旗那斯台遗址出土两件男祖形制基本相同，白音长汗遗址出土一件男祖，牛河梁遗址第三地点、第五地点各出土一件男祖。那斯台遗址出土三件女祖，牛河梁第二地点出土三件女祖。祖形器材质为玉质，造型与男女性的生殖器官基本相似。男祖一般为较短的圆棒形，头部似舌形，尾部平齐，头部为较宽的凹刻粗弦纹或者多装饰凸弦纹。女祖一般呈现为椭圆形，正面有一纵向凹槽，在凹槽内钻一小孔，凹槽外两侧为素面或者为平行线装饰，代表女阴。女祖的形制较小，那斯台的两件一件长 4.1cm，另一件长 1.6cm。牛河梁第二地点出土的三件女祖，长 2.1cm，2.3cm，2cm，由此可以看出女祖的个体都不算太大。女祖形器中间有一凹槽，形似"U"形。有人认为女祖为研磨器，但研磨器一般有使用痕迹，且个体较大，中间为"V"形，与"U"不一致；而女祖一

1　郭沫若：《释祖妣》，《甲骨文字研究》，1952 年。

般个体较小，不是实用器，中间的凹槽里也没有使用的痕迹。此外，女祖一般有一个或钻透的圆细孔或未钻透的圆坑，象征的是生殖通道，因此，女祖和研磨器是有着很大区别的。

男女祖形器的材质多样，分布范围广，时间跨度大。不仅在新石器时代时期出现，在汉代也有出土发现；不仅仅在辽西地区出现，中原地区也有所涉及。男祖除了玉质，还有陶质、石质、铜质。如河南淅川下王岗仰韶文化遗址、西安姜寨遗址等发现陶祖，在新疆木垒县四道沟遗址发现的石祖，满城汉墓出土的铜祖。女祖除了用玉制作外，在岩画上也有所体现，如宁夏贺兰山岩画、内蒙古乌斯台岩画等有所发现，还有石质的女祖，出土于广西左江流域新石器时代遗址。

红山文化崇祖的信仰除了表现在玉祖出现外，还表现在雕塑人像上。西水泉遗址出土一件小型女性雕像残片，突出女性胸部特征；东山嘴出土的大型女性雕塑为裸体站立的形象，右臂和头部残缺，特点是腹部凸起，臀部肥大，右臂弯曲，左手护腹，有表现阴部的记号。[1]牛河梁女神庙出土一件女性人像头部构件，眼部镶嵌玉石为睛，鼻部残缺，上唇以下为贴面，右耳完整，近耳垂部有一穿孔，耳轮简化，背面应为贴于庙的墙壁上，高22.4cm，耳宽21cm，最厚处14cm。[2]牛河梁遗址还出土了大量表现女性特征的乳房残块，表现为对女性生育机能的原始崇拜，特别是对孕妇母体的崇拜，反映当时的生育观念，希望母体能够更好地繁衍后代。

1　郭大顺、张克举：《辽宁省喀左县东山嘴红山文化建筑群址发掘简报》，《文物》1984 年第 11 期。

2　辽宁省文物考古所：《牛河梁红山文化遗址发掘报告（1983—2003 年度）》，文物出版社 2001 年。

在生产力尚不发达的红山文化时期，人们制作玉祖显然不是为了观赏，而是有所诉求。红山文化时期，人们的生产生活方式以渔猎为主，过着迁徙的生活。当一个地方的资源用尽时，人们不得不往下一个地方迁徙，由于食物的匮乏，人们的生活并不稳定，同时，由于渔猎经济导致的食物资源不稳定，也间接导致了人口的减少，于是，人们渴望得到更多的劳动力，崇尚生殖、崇祖的信仰进一步强化。经过几百万年的积累，人们已经或多或少对生殖有所了解，从而将人口繁衍的大事寄托于男女生殖器官。在玉器加工成熟的条件下，制作男祖和女祖，并使之随葬。通过祭祀祖先和象征着男性先祖和女性先祖的祖形器来实现部落繁衍生息，祈求先祖护佑部族，这就是红山文化居民最核心的诉求之一。

四、敬宗——工具类玉器

工具类玉器主要有玉斧与玉锛，这是主要的生产工具。红山文化是继兴隆洼文化之后发展起来的一种以渔猎采集的生业模式。斧和锛是重要的生产工具，对于红山时期的人们来说，斧和锛是采集和渔猎的一种重要的工具。石器工具质地不太坚硬，在剥离骨肉时，石器碎片容易掺杂进肉里，影响食用，并且石器还容易损毁。骨器则在剥离树皮，将动物肉皮、骨肉分离方面的局限性更大。骨器适合用于加工小件，不适合大件的加工。先民在长期的生产生活中希望能够拥有像玉一样坚硬锋利的工具，以便于在狩猎采集的活动中能够获得更多的生活用品。

兴隆洼遗址已经发表的工具类玉器主要为玉斧和玉锛，主要出土于居室墓葬中。红山文化时期的玉器是在继承和发展兴隆洼文化玉器的基础上兴起的。内蒙古巴林右旗那斯台遗址出土两件玉斧，洪格力图红山文化墓葬采集到一件玉斧，辽宁省朝阳市半拉山墓地出土一件玉斧，巴林左旗友好村墓地出土一件玉锛，兴隆沟第一地点出土一件玉锛，敖汉旗长胜镇北泡子沿遗址出土一件玉斧、千斤营子出土一件玉斧，林西县大营子乡土庙子村遗址出土一件玉锛。上述遗址出土的工具类玉器主要为玉斧和玉锛，这说明玉斧和玉锛可能在当时是比较重要的财富。在兴隆沟遗址M27男性墓葬中，死者左手握一件石锛，右手握一件骨镖，左侧胸部放置两件石斧，左肩部佩戴长条形蚌壳和有钻孔泥蚶壳，左右肱骨间斜放一件骨镖。[1] 由此可见，兴隆沟遗址中 M27 出土的斧和锛是墓主最重要的生产工具。斧和锛对于红山文化时期的古人来说也是非常重要的生存工具。

一方面，斧和锛可以作为砍伐工具。砍伐树木、建筑房屋，或者采集植物、加工制作，斧和锛都是最理想的生产工具，具有无可比拟的优势。从材质上看，玉石质地坚硬，不易损毁；从重量上看，比骨器重，能增加势能。另一方面，斧和锛也可以作为狩猎工具。特别是砍剁和肢解动物骨肉，斧和锛几乎是不二选择。因此，红山文化时期人们的生产生活都离不开斧和锛。当祖先逝去，人们在祭祀祖先的时候，会把他生前使用的最好的生产工具也是最贵重的财富陪葬，希望得到祖宗的保佑。

总之，红山文化时期人们通过制作玉器要表达的信仰可概括为四个方面：通天、奉神、崇祖、敬宗。用几何形玉器通天，动物形玉器奉神、生殖类玉器崇祖、工具类玉器敬宗，以祖神通天神，

1　中国社会科学院考古研究所：《内蒙古赤峰市兴隆沟聚落遗址 2002—2003 年的发掘》，《考古》2004 年第 7 期。

获取充足的食物资源，实现家庭生活富足，部落发展壮大。不论是将玉璧玉环等带孔的玉器、玉凤玉龙等动物形玉器随葬，还是将男祖女祖等的生殖类玉器、玉斧玉锛等生产工具供奉，都表达了红山文化先民希望通过这些玉器实现通天、奉神、崇祖、敬宗的愿望，最终实现上天和祖先护佑的目的。

第四章　鬼斧神工

　　玉器作为红山文化的最典型代表之一，不仅具有十分重要的标识作用，而且加工工艺十分成熟。也正是因为红山文化玉器组合的独特性以及其主体文化——红山文化所具有的广泛包容性，从而使得红山文化在中华文化源远流长的历史长河中，别具一番风采。可以这样理解，红山文化玉器的制作工艺，在一定程度上是代表着红山文化时期手工业发展最高的水平。一件完好成型的玉器大体在加工制作时经历了切割成坯、钻孔成型、雕琢成器和抛光成品等四个步骤的制作。

一、切割成坯

　　制作玉器时首先进行寻找矿源、采集玉料等准备工作后，紧随其后的则是玉器加工工艺中的切割成坯环节。根据前人的总结和研究发现，红山文化时期的切割工艺主要分为了三种：一种是锯片切割（片切割），一种是砂绳切割（线切割），一种是燧石切割（点切割）。

　　锯片切割又可称为片切割，是指以石锯等的片状工具，在玉料一侧对向切割加工，最后以打击或加压的重力，完成分割。从敖汉旗大瓜翅玉筒素材显示，锯片切割与打制技术的配合使用，是红山文化时期分解玉料或者切割玉片较常用的技术。

砂绳切割又可称为线切割，即首先用皮条沾水并加入一定量的解玉砂，并在玉料上反复来回拉动。从而使得在皮条带动下，解玉砂一定程度上加大了与玉料之间的摩擦，最终完成了对整块玉料切割的制作方法。砂绳切割的这种线切割工艺制作方法，主要是适用于对玉料进行初级阶段的加工，即毛坯加工。而这种方法的主要作用，则是将采集来的玉料根据制作器型的基本需要，加工成或方或圆或扁的毛坯状。此外，这种线切割的制作工艺方法，有时也用于玉筒等器物的取芯过程中。线切割法切割玉料的工艺方法在红山文化时期以及整个玉器发展史上，都是非常常见的。绝大多数玉器在进行初加工时，都会使用到这种切割方法进行加工。

燧石切割又可称为点切割，具体方法是用皮条或绳为半径，一端固定在圆心上，另一端固定燧石画圆，当燧石刃部按照圆的轨迹滑动时，便有了切割痕迹。燧石切割法的工艺流程可以分成较为具体的以下三个步骤：第一步，需要用实心钻的钻孔技术，在圆饼状的玉器半成品上面的中央圆心处钻一个孔；第二步，则是在钻透玉料毛坯的中央圆心处，穿过一个较短的木棍，用一根皮绳一端将短木棍系牢，皮绳的另一端则拴系在带有燧石的复合型工具之上；第三步，是用带有燧石的复合型工具以木棍所在的孔为最中央的圆心，以长短适宜的皮绳为其半径，在圆饼状的玉料毛坯上面刻划圆。并且当其加水之后，燧石底端的刃部与玉料的光滑面上的接触就会增大并且产生较大的摩擦，从而产生划痕。在不断转动皮绳运动时，划痕就会逐渐变深成为沟痕，最终圆形的沟痕逐渐加深，切割功能实现。

燧石切割一般适应于制作环、镯类玉器。当某一件玉器经过并完成最开始的砂石切割的线切割工艺，从而初步成为圆柱状的毛坯后，需要再经过一次线切割将圆柱状玉坯切割成很多段的圆饼状的毛坯块，从而方便掏取圆饼的内芯。在这种情况下，想要制作成镯的半成品，即圆饼状的玉料毛坯，则需要采用燧石切割的工艺进行掏取内芯。燧石切割可穿透扁圆形玉料毛坯，取出玉镯的内芯部分。这种利用燧石进行切割的方法，一般适用于在砂石进行的线切割之后，在红山文化玉器制作的过程中，这种方法作为一种再次加工的方法较为常见。

1. 几何类玉器的切割

几何类玉器主要是先用砂绳切割的工艺技术，将玉料进行整体结构上的块状线切割和片状线切割，将玉料切割成或圆或方的毛坯，再用燧石切割的方法进行取芯工作，之后再进行下一步的加工工艺。

玉筒加工制作的第一步是将玉料切割成圆柱状，首先是用管钻取芯的方法取出柱状体，然后两端进行线切割，形成柱状毛坯；第二步是用线切割的方法取出内芯。牛河梁遗址第2地点1号冢的4号墓葬中出土的玉筒，呈深绿色，质匀，通体内外磨光，光泽圆润，呈现出筒状。在其一端的内部及上下两端，都有用砂石线切割的方法进行掏芯所遗留下来的痕迹，并且切割方法为由短边中部为起点，向两边进行切割，由左到右占了将近半圈多，而由右到左占小半圈。出土的这个玉筒的整体长度18.6cm、平口的长径为7.4cm、斜口的最宽处达到10.7cm，它的壁约在0.3cm—0.7cm之间，因而也被称为"斜口筒形器"。此外，在牛河梁第3

地点 7 号墓出土的一件玉筒形玉器，外面有两道弯曲砂绳切割的痕迹。由于是在器表遗留有砂绳切割的痕迹，这意味着有可能是以砂绳切割技术，除去了原砾石的皮壳。从此可以得出，玉料的最初加工，可能已开始应用线切割的技术，进行毛坯的制作。

玉环和玉镯的切割工艺实际上是玉筒的二次加工。第一步是用管钻取芯的方法将玉料切割成圆柱状体。第二步是用片切割或线切割工艺将圆柱状玉料切割成扁圆的片状，产生环和镯的毛坯。在红山文化的田家沟遗址中共出土三件玉器，其中一件为玉环，在制作工艺上采用的是砂绳切割法，对其进行切割成坯的初步加工工艺，进行两次切割后的玉环毛坯经打磨后，直径可达 7.85cm、厚则 0.85cm—0.88cm。此外，在其他的几何类玉器上也基本都使用了这种线切割的技术。牛河梁第二地点 1 号冢 24 号墓南侧的墓室中出土的玉镯，镯体两侧有平面，外缘起尖棱，横截面呈不规则的六边形，进而体现了红山文化时期玉器加工技术水平上的高超之处。第三步是通过燧石点切割掏取环镯内芯，按照点切割的具体方法，找圆心固定轴、找半径系皮条、固燧石刻划圈圈，经过不断划动燧石形成切割痕，通过双面切割取出环镯内芯。如牛河梁第二地点 1 号冢 24 号墓出土的玉镯，在其内缘局部遗有经切割而遗留下的棱线痕迹，其原因是两面对钻将透时敲取芯料所致。

作为红山文化有孔玉器中最多的一类，玉璧所采用的加工技术一般多为线切割法所进行切割。例如，胡头沟遗址出土的一件玉璧，所采用的就为砂绳切割工艺进行的整体线切割，进而对其再使用燧石切割进行取芯工作。

2. 动物类玉器的切割

动物类玉器在进行切割工艺进行初步加工时，却与几何类玉器的做法有着较为明显的差异，但是也有着一定的相似之处。首先，在制作动物类玉器之前，需要根据所构思的动物形状特点及其大体情况进行块状或者片状的线切割。其次，再根据其各类动物不规则形状的具体的需求，进行逐步的线切割或片切割，从而获取到了动物形玉器的规则形或者常见的不规则形。

例如，最具标识性的玉凤是红山文化造型最丰富的器物之一，但其整体造型却有一致性，即均为长方形片状，其在玉器切割工艺的主要特点是以线切割为主要方式。切割工艺的第一步是用线切割方式将玉料切成长方形或方形柱状体，第二步是继续用线切割的方式将柱状体切割成片状，形成毛坯。如牛河梁第 2 地点的23 号墓葬中出土的一件具象性玉凤，整体经过砂绳线切割的工艺技术加工成板状，且平面为长方形，并且有正面和背面的区分。

牛河梁遗址第二地点 27 号墓出土的长 28.9cm、宽 9.3cm 的双钩形玉凤（N2Z1M27 ： 2）使用了锯片切割与打制技术开片。N2Z1M27 双钩形勾云形器原素材的生产，应该是采用了锯片上下对向切割，到接近中央汇合处再打断，成功制作出较薄的玉片素材。此外，N2ZIM27 双钩形勾云形器正反两面下卷钩，左右两个最大镂空的转角位，有横向一道或者是十字形的钩状刻纹，其中尤以反面左侧的十字形钩状刻纹最为明显，是镂空转角预先定位的标记，也是锯片切割的痕迹。

作为红山文化中，仅次于玉凤类玉器的器物——玉龙也多采用砂绳线切割进行初步加工，第一步是用线切割方式将玉料切成长方形或方形柱状体，第二步是根据玉龙造型的厚度，继续用线切割的方式将柱状体切割成块状，形成毛坯。然后采用了燧石切割的技术进行玉器的玉芯取出工作。例如，赛沁塔拉遗址出土的一件墨绿色的玉龙，其主要采用的技术是砂绳线切割的方法，对玉料进行整体切割。根据玉龙体形计算，在制作毛坯时，长度最小值为 26cm，宽度最小值为 21cm，厚度最小值为 2.5cm，呈长方形块状。再如，牛河梁遗址出土的 N2Z1M4 ：2 玉猪龙毛坯长度最小值为 10.3cm，宽度最小值为 7.8cm，厚度最小值为 3.3cm；N2Z1M4 ：2 玉猪龙毛坯长度最小值为 7.9cm，宽度最小值为 5.6cm，厚度最小值为 2.5cm。两件玉器的毛坯均为长方形块状。根据器物大小和切割痕分析，这两件玉猪龙在切割时第一步是整体计算好长方体长度、宽度和厚度，在玉料上做好标记；第二步采用线切割方式将玉料切割出六个面，两两相对，切成长方体。

二、钻孔成型

所谓钻孔成型是指通过对毛坯钻孔取芯使得玉器轮廓初步形成。在玉料进行切割砂绳的线切割制作工艺之后，一般会对其采用两种方法进行取芯。在红山文化玉器加工方面，钻孔所需的加工制作工艺主要体现在管钻法和实心钻法两种，红山文化时期以管钻取芯的工艺技术最为发达。此外，在一些遗址中还开始出现了复合钻孔的方法。在这里需要注意的是：玉料的取芯方法一般为三种，一种为燧石切割的方法取芯主要用于环镯类玉器的加工制作，另一种为线切割取芯，主要是应用于玉器加工制作。还有一种为钻孔技术中的管钻方法和多次复合钻取芯的方法。

管钻法在红山文化时期的玉器加工方面有着较为重要和突出的作用。用这种方法进行取芯在红山文化时期，乃至于玉器加工的发展史上都是比较常见的。所谓管钻法，一般是在玉器毛坯玉料上用管状工具直接进行钻孔而形成的一种方法。大体可以分为单面一钻到底，最终用硬物敲取管芯的单面管钻方法；两面同一位置进行管钻的双向对钻方法；从而达到取芯效果的多重钻孔方法。在一定程度上，可以理解为：管钻是单面进行管钻使用；双面同时进行的对钻和多次管钻，从而进一步加工玉器的方法。需要注意的是管钻所钻出的孔，用途一般为非实用性，就功能而言，管钻的孔很大程度上区别于实心钻钻出的孔。

实心钻法是指在单面进行直接用硬物等进行钻孔的技术方法，很少或者几乎没有双面钻孔的情况发生。实心钻所钻的孔一般多指具有实用性的孔，基本都采用的是直接用硬物进行单面钻孔。总的来看，红山文化玉器钻孔呈现两个重要特征：一是非实用功能穿孔多采用管钻法，器型主要是玉筒、玉管、玉环、玉镯、玉璧等几何类玉器。二是实用功能穿孔多采用实心钻法，器型主要是佩戴在身上的器物，几何类、动物类、生殖类都有。

1. 几何类玉器钻孔

在辽宁省朝阳市半拉山红山墓地出土了多件玉芯。[1] 这些玉芯多是几何类玉器加工后遗留下来的。M30 出土一件 M30：3，较为完整，是扁方体，一面较为光滑，有切割与打磨的痕迹，另一面保留未打磨原状，仅有一些细微的切割痕迹，长为 9.2cm，宽为 7.9cm，厚为 3.1cm 至 4.6cm，整体为绿色，玉质为墨绿色。M10 出土了两件玉芯。M10：3，没有使用过，整体扁平，较大，厚重，平面为梯形，一面较为平滑，另一面为弧形，表面有打磨留下的痕迹，有一部分自然石皮。顶部不平滑，有一道自然疤痕以及一

---

1 辽宁省考古研究所、朝阳市龙城区博物馆：《辽宁朝阳市半拉山红山文化墓地的发掘》，《考古》2017 年第 2 期。

道到底的杂质层。顶宽为 7.9cm，底宽为 10.8cm，厚为 2.9cm，高为 13.6cm，整体为青灰色，微微泛白。M20：15，似圆柱体，粗细不均匀，与杵臼相似，表面被轻微打磨，保留了原始形状，表面有很大一部分未被打磨的痕迹，其中玉芯为圆柱形，在顶端中心处，周围有一圈钻槽，在玉芯端面有切割的痕迹，底面较平滑，保留了三次切割的痕迹，通高为 6cm，最大径为 9.3cm，芯径为 4.8cm，芯高为 2.6cm，槽深为 1.3cm，整体为青灰色，微微泛白。M20 出土三件玉芯，M20：16，完整器，磨制规整，工艺精致，表面光滑，润泽，整体扁平厚重。单面钻所制，圆台体，顶面与侧面光滑，底面保存了四次切割痕迹，中心有一未切割完全的长方形柱芯，柱芯未打磨，有切割痕迹在顶面，顶径为 3.3cm，底径为 3.7cm，厚为 1.3cm，整体为乳白色，有一部分黑色土沁。M20：7，完整器，磨制规整，工艺精致，表面光滑，润泽，整体扁平厚重。双面钻所制，像两个圆台体错接，顶面与侧面光滑，错接处有切割留下的痕迹，直径为 3.1cm，厚为 1.7cm，整体为墨绿色，有小部分白色瑕疵。M20：6，完整器，磨制规整，工艺精致，表面光滑，润泽，整体扁平厚重。管钻而制，相似圆柱体，顶面较小，打磨得较为光滑，在一侧有一道切割留下的沟痕，底面较大，向外微凸，上下面中心都有一个横向切割留下的圆形凹坑，顶径为 3.1cm，底径为 3.2cm，高为 1.7cm，整体为乳白色。

通过仔细观察这些玉芯的加工制作痕迹，我们发现几何类玉器钻孔除采用燧石切割法进行取芯外，也多采用管钻法和复合钻法进行玉器毛坯的取芯工作。第一，玉筒的钻孔多是实心钻打孔、线切割取芯。系先在一侧钻一长孔将器体穿透，再以线切法由两边掏出大孔。敖汉旗曾采集到制作这种斜口筒形玉器时掏孔后的玉芯。不仅敖汉旗玉筒内壁上残存的微痕分析证明其加工工艺如此，在红山文化其他一些遗址中也存在有制作玉筒时剩余的玉芯，其微痕分析也证明玉筒的钻孔工艺是实心钻打孔、线切割取芯。此外，也有通过管钻取芯的方法掏取玉筒的内芯。例如，在牛河梁第二地点 Z3 冢坛上出土两件管钻的钻芯，其中较厚重的一件 N2Z3：10，为上下对向管钻，最后打击敲出钻芯。第二，玉环、玉镯和玉璧的钻孔多为管钻取芯或燧石切割取芯。在牛河梁遗址存在有大量玉镯、玉环和一些管钻芯。N2Z1M1 玉环饰，内径 9 厘米，从孔缘的切旋纹和棱角观察，应是使用大口径的工具管钻而成。另在 N2Z3 发现两件玉钻芯，一件甚薄，且对钻长度近等，疑为两侧同时对钻而成。在牛河梁第 1 地点 1 号墓葬中发现的一件玉镯，直径大到 12.1cm，经管钻后的孔径也有 8.9cm，应是单向管钻而成。一是单向管钻至底部，最后敲出钻芯。在玉镯内沿一侧的边缘，尚留有较多连续细微破裂面，这是修整管钻后期的加工留下的痕迹。玉镯内沿斜壁并未有进一步加工。二是玉镯可能是从毛坯中管钻出的第一环。玉镯所生产出的钻芯直径接近 9cm，可以进一步加工成器，如果用其再进一步管钻，可以再生产出一到两个以上玉环和芯。牛河梁遗址玉器中玉镯和玉环类连续生产的体系理应相当成熟。三是从玉镯内沿斜壁所见，不排除使用皮条传动管钻的可能。第三，玉管取芯多为实心钻。例如，在那斯台遗址[1]出土的一件玉管，整体呈圆柱状，器身钻一透孔，应为实心钻对钻而形成的。第四，实心钻形成的钻孔多为穿系佩戴所用，为实用性穿孔。由于钻孔技术主要体现在它的实用性上，一般采用实心

1 董文义、韩仁信、巴林右旗博物馆：《内蒙古巴林右旗那斯台遗址调查》，《考古》1987 年第 6 期。

钻的方法为主。例如，哈民忙哈遗址出土的 1 件玉璧厚度在 0.4cm，内径为 3.05cm，是经过管钻的。但其主体部分有一个圆形小孔，是实心钻所形成的，当为穿戴而做的。

2. 动物类玉器钻孔

动物类玉器的钻孔成型主要是通过管钻法或线切割工艺，采用实心钻钻孔主要目的是佩戴等方便携带的作用。通过钻孔成型最具典型性的动物类玉器就是玉龙。N2Z1M4 ∶ 2，龙体卷曲如环，头尾切开又似玦。体扁圆而厚，环孔由两侧对钻，孔缘经磨光，圆而光滑。通体高 10.3cm、宽 7.8cm、厚 3.3cm。N2Z1M4 ∶ 3，形近 N2Z1M4 ∶ 2，头尾未完全切断，在环孔处尚有连接。虽然不见环孔加工痕迹，但环孔呈正圆形，也应该是对钻而成。通高 7.9cm、宽 5.6cm、厚 2.5cm。当两件玉料被切割成坯后，通过管钻对钻取出内芯后，器物基本成型，再经过雕琢便成器了。另外，辽宁省建平牛河梁遗址第 2 地点 1 号积石冢中出土的玉猪龙，呈现出黄绿色，局部有红褐色石皮，一面有白色瑕斑，耳部有一道裂纹。整体龙体扁圆厚重，卷曲如玦，首位分开，双耳成尖弧状，双耳间起短棱脊，双目圆睁，吻部微凸，面部褶皱较紧凑，额顶施纹。器物成型采用的钻孔方法是对钻，其中部大圆孔就是用管钻对钻而形成的。还有一件在牛河梁遗址采集到的玉猪龙呈淡绿色，局部有黄色皮壳和裂纹。龙体卷曲如环，较扁平，首尾相连，其成型过程中的中部大圆孔也是管钻对钻而成的。其整体通高为 14.1cm、宽为 10.2cm、厚度为 4cm。当然，实心钻钻孔工艺在牛河梁遗址出土的玉器上也比较常见，但是，实心钻孔工艺主要是为了制作用于穿戴的小孔。以牛河梁第 16 地点的 4 号墓葬的玉凤背面隧孔为例说明。一共四对竖穿隧孔，两两相向。每对竖穿隧孔由竖向和斜向穿孔组成，斜向打孔透穿孔壁。

　　同墓出土的玉人也当是使用了实心钻钻孔和管钻钻孔工艺相结合的方法。首先，玉人背面颈部正中，以管钻开孔但不透穿，因此钻孔底部，遗留有圆凸小玉芯；其次，由颈部两侧用实心钻各开一孔向中间对钻，与管孔壁中互通。不仅如此，在牛河梁第 2 地点 1 号冢的墓葬中还出土有采用钻孔工艺的玉龟，共有两件。其中一件玉龟，龟体平面呈椭圆形，只见龟甲，不见首尾以及四足。背甲隆起，在其圆窝壁上斜穿有一钻孔，应为实心钻的工艺技术。另外牛河梁第 5 地点 2 号冢中出土有玉蝗，为圆雕，精工雕刻头部、眼、嘴、双翅、下弯的腹部。最重要的是在其腹下的前部，有用实心钻对钻工艺所钻的一个对穿孔。

　　3. 生殖类玉器钻孔

　　生殖类玉器的钻孔技术主要体现在实心钻技术方面，一般以单面一钻到底为主。玉质女祖多呈椭圆形，正面刻划一纵向凹槽，凹槽内有一孔，多为实心钻加工而成。红山文化玉质男祖也有钻孔出现，为实心钻加工而成，但是数量较少，仅牛河梁出土一件。例如，在牛河梁第 2 地点 1 号冢中的冲沟内，清理出土的三件女祖都为白色玉质，大小、形制相近。都经磨制，近扁平体，正面正中作一竖向通体凹槽，使玉贝的横截面近似凹字形。顶面平弧，磨出一小台面，沟槽两侧刻划多道平行短线，由槽内一面钻二通透小孔。其中一件体形较小，正背面都显圆鼓，凹槽较窄，且一端延至端顶边缘，槽两侧各刻出 13 道短线，线甚短而浅。双孔从凹槽外边缘钻起，两孔之间另有一浅凹槽将双孔相连。背面另见 2 组斜穿透孔。长为 2cm、宽为 1.4cm，孔径则长为 0.2cm—0.35cm。在牛河梁遗址共出土的有 2 件男祖的完整器，其中一件是带钻孔的，呈现出圆柱体，前端较粗。对穿有一个透孔，刻工精致，形象逼真，其长7.8cm，径长为3.3cm。而另一件比第一件稍微大一些，无钻孔。但其呈现出头小尾大、头细尾粗的不规则圆柱状，头顶有一道凸弦纹，尾端腹面渐渐膨鼓起。

三、雕琢成器

红山文化玉雕工艺技法主要有平雕、圆雕、浮雕、透雕（镂雕）、钻孔、挖膛、抛光等。不同的器物使用不同的方法，不同时期工艺特点不同。玉雕工艺可分为以下四种：一是圆雕——可以多方位、多角度欣赏的三维立体雕塑。比如红山文化的玉人、玉龙。二是浮雕——在平面上雕刻出凸起的图案或造型，主要是从正面欣赏，多数玉佩属此类。浅浮雕是纹饰浅凸出于地（平面）之上。高浮雕是挖削底面，形成立体图形，并加阴线纹塑形。三是透雕（镂空）——穿透玉料，镂空雕刻，从而在玉件中存在许多两面相通的空间，作品玲珑剔透，在穿孔的基础上加以发展，最早见于红山文化勾云形器等。四是平雕，即阳线雕刻和阴线雕刻——阴线是低于平面的线条。阳线是和平面一样高的线条，阳线的两边被雕刻除去了多余的材料，只留下线条显示字迹就是阳线。红山文化玉器雕琢工艺主要用于动物类玉器中，以平雕、圆雕、浮雕为主。其中平雕多见于具象型玉凤等板状玉器，圆雕工艺以玉人、玉龙、玉龟、玉蝗为主，浮雕、透雕多见于抽象性玉凤、双首凤、龙凤佩等。

1. 动物类雕琢

红山文化玉器最为著名的当数动物类的玉器[1]，为把玉器刻画

---

1 周晓晶：《红山文化玉器研究》，吉林大学博士论文，2014年。

得生动形象、活灵活现，所以其雕琢工艺相当精细和精湛。同时也将四种雕刻的技术手法运用到了极致，动物类玉器的雕琢是有共同之处的，例如，动物的整体是采用圆雕的方法进行雕琢，动物的眼睛和鼻子通常都运用浮雕的雕刻工艺，羽翅用的则是阴线刻的技术手法，雕刻手法相互结合才能将器物雕刻得栩栩如生。

第一，具象型玉凤以平雕、圆雕为主。虽无复杂的造型，却每件都十分规整。

具象型玉凤 N16M4：1，牛河梁遗址出土，出土地点位于头骨下方，横向摆放，正面朝上。主要为阴线刻的雕琢工艺。整体呈板状，平面近长方形。身体为圆雕。正面作为凤卧坐的姿态，回首，曲颈，高冠，圆眼和鼻子为浮雕，扁且长，靠前端为钩状，与羽翅连接。羽翅和尾羽均为阴线刻，羽翅和尾羽区域占了身体的绝大部分，羽翅作三分上扬的状态，羽翅长且狭，尾羽则作三分下垂状。具象型玉凤 N2Z1：C8，出土于牛河梁遗址 N2Z1M17 东壁外 0.5m 处，器体是圆雕工艺，质地为滑石质，颜色为淡黄色，呈片状。器物正面采用浮雕刻出鸮的五官和吻部，圆眼，头顶处采用阴刻线刻出有冠羽。玉器背面有一对钻孔。那斯台遗址出土 3 件具象型玉凤。一件通体是黄绿色，采用圆雕工艺，头部近椭圆形，双耳呈圆弧形外凸，采用浮雕刻出双眼，采用阴线刻刻出咀，为弧形，双翅是展开状态，末端较为平齐，加饰三角形，双爪并列放置上面，有攀附状态，胸腹略微鼓起，背部较平整，有三组交叉的透孔，通体抛光。另一件黄绿色，头部呈三角形，头顶平齐，双耳外凸，双目用复线表示三角形，作攀附的状态，尾部较平齐，双翅和尾部各有多道竖线凸纹，背面较平，有两组交叉穿孔，通体抛光。还有一件通体呈黄绿色，头部是三角形，双眼略微鼓起，脊背隆起，有展翅的状态，尾端是扇形的，腹部有一条磨出的横道凹槽，靠近头的部位有一组斜穿洞孔。胡头沟遗址出土3件具象型玉凤，M1：9，器物呈淡绿色，表面泛黄印痕。头部似三角形，双耳呈圆尖状态立起，双翅平展，向内略收，尾端是扇形，用阴线刻出的竖道前凹槽来表示双翅及尾部的羽毛，背部有一横穿孔。M1：8，通体是淡绿色，表面有泛白痕迹，局部有夹杂褐斑痕。头部呈三角形，用阴线刻刻出双耳为圆弧状略微凸起，正面是展的状态，尾部较宽呈连弧状，用竖道前凹槽表示双翅及尾部的羽毛，背面横穿一孔。还有一件通体圆雕，器体为淡绿色，表面泛白，局部有沁色呈黑褐色斑，头略凸出，略显展翅状，尾端较为短小，背部有一个横穿的孔洞。东山嘴遗址出土1件具象型玉凤TC6②：1，正面为绿松石质，背部为黑色石皮，呈片状。首端凸出，双翅呈展开状，尾部羽翼较为舒张，采用细线刻出头。用阴线刻刻出翅及尾部的羽毛，背部有一横穿孔洞。牛河梁遗址出土2件具象型玉凤，N16-79M2：9，通体圆雕工艺，器物呈鸟形，通体是淡绿色，绿中泛黄痕迹。圆首尖喙，鼓腹，尾端较平齐。头部用短阴线刻表示双眼，翅膀与尾羽之间呈"V"字形凹槽，尾翅略上翘，背面较平整，靠近首部有两组呈十字交叉隧孔，一组残。标本N2Z4L：24，器体呈青白色。是简化的展翅鸟状。正面略有圆鼓，器体的中央与双翅尖端磨出浅沟，上缘钻有小系孔。出土位3于N2Z4的表土层中。

第二，抽象性玉凤、双首凤、龙凤佩等以透雕、圆雕为主。最明确的是N2Z1M26的双兽鸮首饰，其两侧的扉饰使用了较为成熟的透雕技法；而且有明显的棱角，是一种新的制玉技术。具象型玉凤N2Z1M26：2，出土于牛河梁遗址，位于墓主腹部，横向放置，正面朝上，背面向下，有正、反面之分。通体为圆雕工艺，整体呈黄绿色，板状，器体平面是长方形。正面的两段各雕有一鹃面兽首，上下是呈对称的，耳呈立状，耳部圆尖，头中部突尖，采用浮雕雕刻出圆眼。中部采用镂空技术，器物的两侧各有采用减地法磨出的 6 道瓦沟纹，外侧是边缘又各做 1 组突起扉棱有 3 个。器物背面无纹饰，穿有 3 组隧孔。具象型玉凤 N2Z1M23 : 3，出土于牛河梁遗址[1]，位于墓主的腹部下面。透雕为主，器体呈板状，器物平面为长方形。有正、背面之分。正面用减地阳纹和较粗的阴线刻方法，雕刻出一鸟一兽的形象。兽的首部可见两条上扬鬃毛，其耳和眼睛都是圆雕的，用阴线刻刻制出疵鼻，嘴巴细长，尾巴是向后卷曲的状态与身体连接，呈站立姿态，阴线刻出四条较宽的背羽。佩体有较多的钻孔，中心有一桃形孔将鸟兽分割开，鸟兽的尾部与身体之间各穿有一个圆孔，短边的两端各穿有一个小孔，器物背面可见 3 组隧孔。那斯台遗址出土的单钩形玉凤，通体为透雕工艺，整个器型平面为长方形，有正反两面之分，正面按饰件的造型和纹饰磨出了凹凸分明的装饰线。四角采用透雕雕出对称的外弯形钩纹饰，上下两侧的边缘上有三处向外的凸起，于上侧边缘居中的位置两个钻孔，中部的位置采用透雕的技术手法做有一朝向左弯曲的勾云纹饰。双钩形玉凤 N2Z1M22 : 2，通体为黄绿色，采用透雕工艺，夹杂白色斑痕。两面都有纹饰，正面的纹饰较为清楚。中部的卷钩与器物相连，形成对称双孔，器物是呈长条片状，一端较宽而另一端稍窄。有正反两面的区分，四角卷勾的勾体卷曲不是很明显，勾端起尖、长边的一侧作出五组齿状突。器体采用减地法磨出与卷勾走向相同的瓦沟纹，而瓦

1 刘国祥：《红山文化研究》，科学出版社，2015 年。

沟较浅。边缘处薄如刃，顶部正中的位置钻孔上方有内凹陷，上部边缘部位居中处有对钻小孔。

第三，玉龙、玉龟、玉人等主要用圆雕工艺。玉龙是红山文化仅次于玉鸟的一类重要器物，主要雕琢工艺为圆雕。红山文化玉龙体型卷曲整体如块形，尾端慢收，头尾相距甚近。头部较大，双耳竖立，均呈圆尖状，双目圆睁，吻部前凸，嘴部微张，基本都采用圆雕工艺。如 N2Z1M4 的两例，虽然不是通体雕，但突出的头部所作抽象性造型，有繁有简，石料较软的一件雕法简陋；而较大一件为透闪石玉却雕法较繁，各部位都有清楚的交代，表现出在圆雕技法上因时而异、得心应手的成熟性。N16-79M1：4 的双兽首三孔玉梳背饰，两端所雕兽首，为写实型，此件玉料虽瑕斑多，尺寸较小，却质地坚硬，而形体轮廓和细部都有准确的表达。牛河梁 N2Z1M4：2 出土于辽宁省建平县牛河梁遗址群第 2 地点 1 号积石冢 M4 号墓中出土，通高 10.3cm、宽 7.3cm、厚 3.3cm。红山古国玉龟出土数量相对较少，共 6 件。其中牛河梁遗址出土 4 件玉龟。N5Z1M1：6，通体圆雕，质地均匀，局部有白色瑕斑。头部窄小而长，双目由浮雕刻出作凸出状态，腹部中部有用阴线刻刻出一圆形凹窝，四足蜷缩，尾端略长。N5Z1M1：7，通体圆雕，有白色瑕斑，有裂痕。头部较宽，双目由浮雕刻出作凸出状态，背中部略平，四足蜷缩，尾部较短，尾部中部有一凹坑。N2Z1M21：10。龟体平面有圆雕工艺呈椭圆形，只见龟甲，不见首尾以及四足。背甲隆起，其上有用减地法磨出的三道竖脊凸线，中间脊略高于两侧，用阴刻线勾勒出规整的龟背纹。腹部较平，中心部位有一圆窝，外围用阴线刻的一周放射状短线，在圆窝壁上斜穿一钻孔。背腹之间前后各刻两道楔形槽。N16①：10，通体圆雕，颜色为青白色，有白色瑕斑，器身呈椭圆形，头部近似三角形，颈部前伸，背部略鼓，腹部趋平，斜钻横穿一隧孔，四足蜷缩，无尾部痕迹。通体抛光。胡头沟遗址出土两件玉龟M1：7，通体呈淡绿色，器型为圆雕，头向前伸出，用浮雕手法刻出眼部、吻部，脖子微缩，背部微微鼓起，用阴线刻的技术刻出近似六边三角形，尾巴较短小，四肢为微曲的状态，腹部较平整，颈部下方有一横穿洞孔，通体抛光。M1：6，淡绿色，有褐色沁痕，头部近似三角形，颈部前伸，口部呈圆尖状，背近圆形，四肢呈弧状略凸，尾部略短，腹部正中有用阴线刻刻出的起一道凸脊。玉蝗出土于牛河梁遗址，N16Z1①：47，于地层出土，玉器通体为圆雕工艺，其身体略微为长方体，用减地的方法磨出沟槽将其身体分为头、腹、胸三部分。头是长方形的，呈上面窄下面宽的形态，采用众多的阴线刻将头上的复眼与下面的口器隔开，口器部位较为强壮，胸则略短小，背部则用阴线刻做"V"字形凹槽状将宽线与翅膀分开，胸部的下方则用阴线刻刻出两对前腿，而腹呈细长的形状，用减地法做出宽沟槽来表示玉蝗四道腹节，尾部圆尖，翅为直翅形，前翅做叠压状压住后翅，前翅略狭窄而后翅较为宽，作欲将起飞的状态。

2. 生殖类玉器雕琢

从造型上看，生殖类玉器造型有男祖和女祖两类。男祖主体为圆柱状，以圆雕为主；女祖主体为扁圆状，以平雕为主。

那斯台遗址出土了两件男祖完整器。一件器型为圆柱体，圆雕，前部分较为粗壮，首部的中间采用浮雕手法雕刻出两个圆眼，双目间有一凸线，上缘为额头阴线刻刻出状纹，下部的边沿施两个小乳状突起，颈背处刻出形凸线纹，腰背部横刻两道凸纹；末端向背部翘起，腹部素面无纹；两侧有对穿一透孔，做工精致，形象较为逼真。另一件稍微小一点，首部阴线刻八字形纹饰，一对圆眼间有一钻孔径直透过尾部，腰部也有一横向的钻孔同纵向的钻孔交叉，尾端腹面用阴线刻刻出一弯月形沟痕，背部有用减地法磨出的四道凸弦纹。

牛河梁遗址出土男祖两件。N2Z1M11：3，器体较长，为圆雕工艺，上体较直，下腹略向内弯。头端圆，下腹较肥厚，末端稍尖。颈部采用一周阴线刻表示首身分隔开，其下有两个凸起。N5SCZ1：3，器体呈扁圆形，通体圆雕，器物短身。形状酷似蚕蛹，首部是圆鼓状，凹腰，腰间有用阴线刻的四道弦纹，其弦纹较粗，可见到接头处，末端较为平整。

那斯台遗址出土女祖两件，均为平雕工艺，一件是桂叶形，另一件则是椭圆形，中间钻一圆细孔，器物形体较小，制作工艺精湛。

牛河梁遗址出土女祖形器3件，于N2Z1的冲沟内清理出土。质地大小、形制相近。通体平雕，后经磨制，器体近似于扁平体，正面的正中有用减地法磨出的一条竖向的通体凹槽，使贝的横截面近似凹字形。顶面为平弧状，减地法磨出一个小台面，沟槽两侧用阴线刻刻划有多条平行短线。标本N2Z1C：3，其正面略鼓，背面较平整。用减地法磨出凹槽略宽而深，槽边较直，槽内可见有阴线刻的槽痕，槽两侧分别用阴线刻刻出9或12道短线，短线稍显下斜倾方向。凹槽宽0.25cm—0.3cm，深为0.25cm，孔径0.2cm。标本N2Z1C：4，正面稍鼓，背面略平整，减地法磨出的凹槽则较宽，槽两侧各用阴线刻刻出11道和13道平行短线。凹槽宽0.3cm、深0.25cm，孔径0.2cm。标本N2Z1C：5，器型较小，正背面呈圆鼓状，凹槽较窄，并且一端延至其顶的边缘，凹槽两侧各刻有13道短线，线非常短而浅。凹槽宽0.2cm、深度为0.15cm，孔径0.2cm至0.35cm。

田家沟遗址女祖一件，M2：1，出土于墓主右臂肱骨的下面，横向放置。通体平雕工艺，器物整体近似扁圆柱形状。中间厚，其两端略有收分，一端收分较大，其余的三个面呈弧面状，底面正中可见用减地法磨出有一条纵向的长沟槽，沟槽上面光滑且平整。沟槽长是3.9cm、宽为0.9cm、深度为0.3cm。

之所以将上述器物统一归为男祖形器和女祖形器，是因为它们造型与男女生殖器有诸多相似之处：一是整体造型相似，男祖形器是通体用圆雕工艺突出圆柱形茎部和卵圆形根部；女祖形器突出采用平雕工艺雕琢出的椭圆形整体和采用减地法磨出的纵向沟槽和沟槽内的圆形孔。二是微观纹饰相似，男祖形器突出在圆柱形茎的头部环绕柱体刻划一周瓦沟纹；女祖形器突出在纵向沟槽外刻划多条横向平行纹饰。如 NSSCZI：3 男祖头部长圆鼓，颈部阴刻四道弦纹，是比较写实的男性生殖器官。而 N2Z1C：3,4,5 女祖正面正中有一竖向凹槽，槽两侧刻画多道平行线，是比较写实的女性生殖器官。玉祖形器除 N2Z1M11：3 男祖形器出土于墓葬外，其余均因缺乏地层关系和出土位置无法划入具体单位分析。但从器物造型上看，无疑是红山文化生殖崇拜的实证。

遗址中出现的男祖形器和女祖形器表明，红山文化居民对于男性和女性在生殖繁衍中的作用已经有了清晰的认识。第一，那斯台出土的两件玉质男祖形器和牛河梁遗址出土的两件玉质女祖形器均有用于佩戴的穿孔，应是随身佩戴的器物。红山文化时期居民之所以要佩戴祖形器是为了身份识别和性别认证。一方面由于生产力发展水平落后，居民生活水平低，温饱尚不能完全解决，服装衣物仅能遮挡严寒，人们不可能从服装特点上区分每一个人所属氏族部落和性别。因此，佩戴具有标识性的器物很可能是辨识性别最好的选择，而最可能采取的方式就是将区分男女性别的生殖器官制作成象征物佩戴于身上。另一方面，红山文化时期男女婚配是部落生存繁衍的大事，是日常生活的重要组成部分。虽然我们无法证实红山文化时期人们是如何认定男女性成熟期，但是男女祖形器的出现以及不具有普遍性的特点或许能为我们今后的研究打开思路。第二，红山文化部分遗址出土了陶质祖形器，似乎并不适合佩戴，有些出土于房址内，应和人物造像一样具有祭祀和生殖崇拜功能。一方面，红山古国时期出现过大量的女性孕妇像，这些造像显然是对女性生殖的重视。然而，全部通过孕妇造像完成生殖崇拜似乎在制作上无法实现，单独表现女祖似乎更可行。另一方面，这种生殖崇拜是红山文化时期的一种普遍现象，每一个部落、氏族甚至每一个家庭都有这种需求。但是，限于每个家庭发展水平和工艺技术的不同，所有的家庭都塑造表现生殖的孕妇像是不可能完成的，这就导致有些弱势家庭不得不考虑用更简单便捷的方式，用更容易获取的资源来代替。此外，仔细分析发现，无论是男祖还是女祖在规格上都和真人大小相差无几，这表明红山文化时期人们对于男性和女性在生殖繁衍中的作用已经有了科学的认识。

四、抛光成品

玉器经切割成坯、钻孔成型和雕琢成器后，必然不会很光滑，因此要将玉器打磨光滑才算成品。关于打磨的主要方法是手持砺石打磨，即玉器本身被固定，由人手握持砺石，推磨加工。此种砺石形态上变化多样，可大可小。按加工玉器的外表或内里差别，可分外研磨砺石和内研磨砺石两种。这样的砺石在玉器作坊中就有大量的存在。手持砺石一般为长条形状，以便于握持运劲，砺石研磨使用的刃部或厚或薄，可尖也可圆，在使用过程中不断的变化。所以玉工在玉器作坊内，按施工的需要随时更换砺石使用，手握砺石还可能会有内研磨的作用。当表面被打磨光滑平整后，就需要抛光处理了。

红山文化中很多动物造型玉器，如玉龙、玉凤、玉龟还有玉人像都是经过了抛光技术处理的。如红山文化玉猪龙在完成选料、切割、钻孔、雕刻的几道工序后，最后的一步就是抛光。从玉龙玉坯上掏取玉芯之后，大体已成坯。此后经过对龙头的雕刻和对龙尾的刻制，龙身渐渐显趋于成型，再经过进一步对玉龙的精雕细琢和钻孔，使其完全具备了龙的姿态和形态。然而，雕刻后的龙体毕竟还是棱角分明的，是相对粗糙的。要想达到玉器触感的圆润和光滑、手感细腻，还需要精心打磨和抛光。现根据考古研究发现，红山文化遗址出土的人像上有编织成形的皮条，编织工艺已经十分发达，可见，红山文化的居民已经能够熟练掌握皮条、麻绳的使用，这些皮革纤维细腻柔软，以软克硬，是绝佳的玉器抛光工具。

新石器时代兴隆洼文化的玉器，是目前考古发现出土最早的玉器，那个时候的制玉技术已经相对比较完善，说明制玉技术已经发展到了一个新阶段，即使将这个时期作为我国古代制玉的起源阶段，我国古代制玉也拥有了8000多年的制玉发展的历史。距今约 5000 年的红山文化晚期，辽西地区的制玉技术已经达到了一个高峰，抛光技艺已经十分成熟，因此，考古发现如此精美的红山文化玉器也是必然的。之后，随着社会生产力的进步、科学技术的发展，制玉技术最终发展成为一门独具民族特色传统手工业，玉文化也最终成为中华文化的典型代表。

第五章　源远流长

　　陈国庆先生通过对陶器、聚落、生产工具、玉器、埋藏习俗五个方面的比较和综合分析，认为红山文化是继承了本地区的兴隆洼文化，并通过吸收借鉴赵宝沟文化而逐步发展起来的。从目前所能掌握的考古发掘情况来看，兴隆洼文化、赵宝沟文化仍然是红山文化的主要源头。兴隆洼文化的年代距今约为8200—7200年，是红山文化发展的重要源头；赵宝沟文化则是在直接继承兴隆洼文化的基础上，不断发展、壮大起来的一支重要的新石器时代考古学文化，其年代约为距今7000—6400年，其晚期遗存与红山文化早期遗存相衔接，也是红山文化的源头之一。这三者之间的关系一脉相承，并且后两者都直接或者间接地受到兴隆洼文化的影响。可以说，红山文化是在不断继承、吸收本地区前行的兴隆洼文化以及紧随其后的赵宝沟文化，从而逐步发展起来的一支以渔猎采集为主要生业模式的一种考古学文化，是整个中国东北地区史前文化发展的最高峰。红山文化最具代表性的玉器中，玉猪龙最具典型性。红山文化玉猪龙造型整体呈玦形，与兴隆洼文化玉玦十分相似，至赵宝沟文化时期出现了"C"形玉龙，龙首为动物造型，但龙身也是玦形。从兴隆洼文化玉玦到赵宝沟文化"C"形玉龙，再到红山文化玦形猪龙，正是红山文化对兴隆洼文化、赵宝沟文化渔猎文化继承的集中体现。此外，小南山玉璧等器型在红山文化中也大量出现，这也充分证实了这一点。红山文化对于本地区渔猎采集文化继承还表现在兴隆洼文化出现的人物造像在红山文化时期也得到了发展。当然，红山文化另一个最具标识性的特征——彩陶却不是本地区传统。在红山文化早期阶段，其文化多受到后岗一期文化的影响；而在红山文化中期阶段，则开始或多或少地受到庙底沟文化的影响。至红山文化晚期阶段，由于庙底沟文化衰落，大汶口文化崛起，但还未侵入到东北的辽西地区，红山文化在此期间，获得到了一个自己独立发展的机会，并自成体系。

一、追根溯源

红山文化之所以能够成为中国东北地区史前文化的一座高峰，是因为它生活方式上的灵活机动性和文化上的开放包容性。究其根源，是其生业模式所决定的。红山文化玉器造型可上溯至东北地区的小南山文化，至辽西地区兴隆洼文化、赵宝沟文化时期玉器造型进一步丰富，红山文化时期充分吸收兴隆洼文化、赵宝沟文化时期玉器造型并进一步发展，使得红山文化成为整个东北地区史前文化的一座高峰。

1. 东北地区的小南山文化

东北地区玉器的发展，应是贝加尔湖地区旧石器时期玉器之后的延续和传播。[1] 从 20 世纪的 30 年代开始，在贝加尔湖畔附近的旧石器时代之中的遗址就已经开始发现了玉器，其中出土的

1　石矶：《东北地区新石器时代玉璧形器研究》，辽宁大学硕士论文，2021 年。

有玉制品中带有穿孔的片状玉璧、玉珠等极具特色的遗物，这在一定程度上说明，在旧石器时代晚期俄罗斯的贝加尔湖畔居住着的人类，已经开始学会并逐步掌握了制玉的技术。在其东部的西伯利亚的基洛夫卡遗址中，发现了的玉璧形器，与在我国东北地区黑龙江省的小南山遗址中出土的玉璧具有一定的相同特征。[1]此外，在马尔塔遗址也出现了玉璧形的器物，其形状近似于三角形，并具有较为明显的人类加工的痕迹。其表面被人工仔细地打磨过，在中间钻一孔，三角形的三个角呈现出旋转的状态，质地为深绿色蛇纹玉。有报道证实，在叶尼塞河岸边的旧石器时代遗址 Malaya Syya 也有发现玉器，形状为不规则的菱形器，亦采用中间钻孔的方式进行了加工，在内缘有打磨的痕迹。这在一定程度上表明，在万年前的俄罗斯境内已经开始出现了玉器加工的工艺制作传统，而这一传统也正影响着我国东北地区早期玉器加工制作工艺。

目前，在我国发现的年代最早的玉器，应是出土于被评为 2019 年度全国十大考古新发现的小南山遗址中。该遗址是一处东北地区旧石器时代的典型遗址，已经开始出现玉器，共出土有玉璧、玉管、玉珠以及玉斧等类型玉器。根据目前已经发表的报告和正在进行的考古发掘显示，小南山遗址不仅仅是作为中国东北地区史前玉器的重要发现地，有着较为突出的影响力，有着独树一帜的作用。并对其后的中国东北地区新石器时代考古学文化系统的发展，有着十分重要且独特的影响和作用。小南山遗址出土的玉器中，已经开始出现了砂绳线切割技术。例如，小南山遗址中出

1　李有骞、杨永才、黑龙江省文物考古研究所饶河县文物管理所：《黑龙江饶河县小南山遗址 2015 年III区发掘简报》，《考古》2019 年第 8 期。

土的玉璧，整体呈黄褐色，光泽暗淡，表面有黑色的沉积点，平面呈圆形，孔是对钻技术所钻的孔（图5-1，1—2）。侧边有砂绳切割的凹槽。值得注意的是，在其之后辽西地区兴隆洼文化[1]时期的遗址中出土的玉玦技术方面上已经被证实是源于更早一些时候的小南山遗址。再如其中出土的一件玉管，整体呈乳白色，光泽莹润。横截面呈圆角三角形，钻孔法采用了对钻的方法，器表有未完全磨掉的砂绳切割留下的圆弧形痕迹（图5-1，3），小南山遗址还出土了生产工具类玉斧，平面略呈圆角长方梯形（图5-1，4）。这在一定程度上显示了近万年前的中国东北地区，已经出现了一些较为成熟的玉器加工技术。兴隆洼文化玉器制作工艺技术基本传承小南山遗址的技术，尤其体现在玉玦缺口的切割工艺上，可以清晰看出经过砂绳线切割工艺而留下的痕迹。这进一步证实了小南山遗址的玉器制作的传统，与之后在辽西地区新石器时代中期兴起的兴隆洼文化在玉器制作工艺方面上，有着千丝万缕的关系。

此外，在黑龙江省齐齐哈尔市的昂昂溪遗址[2]中，共出土两件玉器。两件均为磨制，其中一件形状如同石锛，现仅存只有刃部。而一件部分近似长方形，在其残断的一边有2个两面钻孔，其中有一个孔尚未钻透。而这种钻孔的方法和技术，在兴隆洼文化及以后的红山文化玉器制作及加工技术方面中均有所见。

2．辽西地区的兴隆洼文化

兴隆洼文化中的玉玦是当时最典型的器形之一，所体现出的

1　中国社会科学院考古研究所内蒙古工作队：《内蒙古敖汉旗兴隆洼聚落遗址1992年发掘简报》，《考古》1991年第1期。

2　黑龙江省博物馆：《昂昂溪新石器时代遗址的调查》，《考古》1974年第2期。

线切割工艺制作技术也有着进一步发展，是兴隆洼文化时期先民制作玉器时最主要的特征。在东北亚及东亚地区有着较为广泛的传播，并逐步成为不同区域之间文化交流的最重要和最直接的实证。兴隆洼文化时期的玉器，是迄今为止中国辽西地区所发现的最早的玉器，将我国玉器的雕琢工艺和使用玉器的历史，向前推进至了距今 8000 年左右的新石器时代中期阶段，从而开创了中国东北地区，乃至整个东亚史前时期玉器雕琢和使用玉器的先河。除兴隆洼时期的兴隆洼遗址外，同属兴隆洼文化的辽宁阜新的查海遗址[1]、内蒙古赤峰市林西县的白音长汗遗址[2]等，均有玉器出土，总数共计达到数十件之多。

兴隆洼文化时期先民制作玉器已经开始注意选材，色泽多呈乳白、淡绿、黄绿或者浅白色。虽然，这一时期发现的器体较小，但居民们已经掌握并发展了抛光、钻孔等玉器加工制作技术。兴隆洼文化最具典型的玉器是玉玦，是出土数量最多的。从工艺上看，似乎是小南山遗址玉璧、玉珠的二次加工。例如，在内蒙古兴隆洼遗址中出土的一件玉玦（图 5-1，5），出土于居室墓的墓葬之中。在颜色呈现出黄绿色，玉玦通体进行了抛光，其外缘较厚，内缘磨薄，略起脊。在缺口处依旧能够看出砂绳线切割工艺造成的痕迹，这在一定程度上可以体现兴隆洼文化玉器加工制作特点，与小南山遗址中出土的玉璧存在着一定的连续发展的过程。在辽宁省阜新县的查海遗址中出土的玉玦（图 5-1，6）为淡绿色，呈环状，有切割开口的痕迹，残存有因琢磨加工时对钻而形成的痕迹，

1　辽宁省文物考古研究所：《辽宁阜新县查海遗址 1987—1990 年三次发掘》，《文物》1994 年第 11 期。

2　索秀芬：《白音长汗遗址出土玉器》，《边疆考古研究》（第 3 辑）。

这不仅体现兴隆洼文化时期玉器的加工工艺，也是对小南山遗址时期玉器加工技术的继承和发展。在内蒙古赤峰市的白音长汗遗址中，出土有两件玉玦，其中一件（图5-1，7）整体呈椭圆形，中部最厚向边缘渐薄，中部对钻的地方有一个圆形孔。缺口外侧较宽，向内渐窄。而另一件则单向钻一个圆形孔，缺口呈长条形，内外宽窄相同。这种玉玦在制作时所采用的砂绳线切割技术和管钻、实心钻加工的工艺技术，实则是一种较早的玉器加工技术。在辽西地区发展起来的兴隆洼文化、赵宝沟文化及红山文化中，玉器加工中所见的切割与钻孔技术，也正是由此发展而来的。

值得注意的是，距今8000年左右的兴隆洼文化所见的玉器不仅是数量最多的，而且玉器所用的原料取材也是最好的，玉器整体的加工水平也是最高的。例如，上文提到的辽宁省阜新县的查海遗址中出土的玉器，在玉器的选料方面、整体的器形设计方面和器物的工艺加工方面，都是受到了一定观念性之上的严格规范。当时的加工技术上面，已经能够开始采用解玉砂为介质，进行切割成坯的工艺，并且在进行加工成为最后产品的过程中，也开始能够熟练地掌握和运用切割、钻孔、雕琢、抛光等一系列成型的工艺流程。所以，查海遗址发现的玉器，其形制基本都较为工整规范、打磨也十分的细润光洁，具有相当高的工艺水准，并且这种高品质的玉器在生产制作，绝不是玉器生产之初的初始状态。这表明，兴隆洼文化时期的玉器，至少从加工及技术工艺流程来看，是继承和完善了以小南山遗址为代表的东北地区早期玉器加工传统，并在其基础之上，进行了创新发展。

在燕北西辽河流域，早在距今约8000年的兴隆洼文化时期，这里的先民们就已经具备了辨识真玉的能力和知识，并且已有了玉器的雕琢工艺和功能的使用。也是从那时起直至距今约 5000 年的红山文化时期，在几千年的漫长岁月里，燕北的西辽河地区的崇尚玉的传统延绵不绝、一脉相承，并且愈演愈盛。邓聪教授认为，对于玉器工艺学的研究必须要超越其器物外形的限制与制约，可从不同类型的器物中抽出共同技术的特征，从而贯通史前人类文化的发展脉络。2004 年，邓聪教授与吕红亮、陈玮一同做了玉器线切割的实验，邓聪教授在与吕红亮、陈玮合著的《以柔制刚砂绳截玉考》论文中指出，"从目前已知的考古资料看来，玉器的线切割技术起源于东北，再向四面八方扩散。自黑龙江以南顺东北平原、黄河下游及山东一带、长江流域中下游，以至粤北北江水系辽阔的范围，都发现过新石器时代玉器线切割的痕迹。距今 8000 年前的赤峰市敖汉旗的兴隆洼遗址发现的玉器线切割技术，是迄今为止世界上的同类工艺年代最早的代表，相比于中美洲早了 5000 多年。然而，目前谈到中国史前玉器线切割技术的起源问题与传承问题，仍在云里雾里。东北亚旧石器时代晚期至新石器阶段的考古工作，将是解决中国史前玉器线切割技术的起源与传承问题神秘之谜的关键所在。"

兴隆洼文化的玉器是我国已发现的年代较早的史前用玉实证，所以我国因此也成为用玉最早且历史最悠久的国家。[1] 至今为止所见的兴隆洼文化玉器已有数十件，分别发现于四个地点。兴隆洼文化玉器的制作已达到相当高的水准了。现已知出土的玉器种类有管、斧、凿、玉玦、匕形器等。其中，玉玦是中国北方最早发现的且是数量最多，玉材的选料和加工也是比较考究的。兴隆洼

1　席永杰：从考古新材料看西辽河流域古代科技发展水平 [M]. 赤峰学院学报——红山文化研究专辑（第 1 辑）。

文化玉玦造型规范，做工精湛，可能已出现使用线切割技术。邓聪教授认为兴隆洼文化的所在地是中国玉雕工艺线切割技术的发源地。红山文化的玉器在承继兴隆洼文化玉器传统的基础之上创新和发展，西辽河流域也因此成为中国北方史前玉文化的高峰和史前的制玉中心。相比于兴隆洼文化，红山文化的玉器数量和玉器种类的题材明显增多。除了中原地区所常见的璧环类玉器外，红山文化还有众多的动物形玉器，如鸟、鸮、鱼、蝉和龙、虎、龟以及勾云形玉佩和其他具有专门或特殊用途的玉器，如玉筒、玉璧、玉镯等玉器。红山文化玉器制作技术是尤为先进的，并且雕琢工艺十分精湛和高超，不是专业人员是很难做到的。红山文化玉器的制作和玉器造型已相当成熟和规范，很明显是受到了某种思想和观念的约束。红山文化的"玉文化"发达有多方面的成因：一方面是此地区几千年的制玉和尚玉传统以及东北地区玉文化的影响；另一方面是红山文化社会意识形态以及原始信仰层面对于红山文化的尚玉之风的兴起到了至关重要的作用。红山文化玉器在东北乃至整个中国史前的玉器发展进程中主要居于核心地位。张永江指出，正像是仰韶文化的代表性成就是彩陶一样，玉器也是红山文化的代表性成就。虽然目前尚且不能确定红山玉器与中原玉器的关系，但是红山文化玉器在中国玉雕艺术发展的历史上的地位不容忽视。[1]有研究表明，红山文化玉器对大汶口文化、陶寺文化以及良渚文化等均有不同程度的影响，但是这些影响可能是间接的。殷志强认为，从良渚文化玉器上的神徽、装饰构成以

1　张永江：论红山文裕的几个问题（下）. 昭乌达蒙古族师专学报（汉文哲学社会科版），1990，（2）：42.

及商代玉器、玉龙看，红山文化玉器对外影响是很大的。[1]

3. 辽西地区的赵宝沟文化

随着新石器时代时间的推移，兴隆洼文化开始逐渐衰弱，赵宝沟文化则开始逐步兴起。到目前为止，赵宝沟文化时期的玉器资料尚未进行正式的发表，现在仅知的赵宝沟文化小善德沟遗址一座房址居住面上出土了几件玉玦。但是，也在一定程度上反映出赵宝沟文化时期依然保持了雕琢和使用玉器的传统，并与兴隆洼文化玉器加工技术方面，保持了一脉相承的发展关系。至红山文化中期，玉玦作为耳饰依旧流行，南台子聚落遗址 7 号墓葬[2] 内出土的 2 件玉玦（图 5-1，12—13）便是最为重要的例证。此外，在红山文化的典型遗址——辽宁省建平县牛河梁遗址[3] 中，也出现了用玉玦作为耳饰而随葬的特点。而至红山文化晚期，玉玦作为耳饰随葬的现象已经开始绝迹。玉玦的消失是红山文化晚期晚段用玉制度发生一次重大变化，从而也从侧面充分体现出红山文化时期的先民，在继承本地区原有文化传统的过程中，出现了一定的取舍态度和其独立发展的创新精神。

1　殷志强：红山文化玉龙要素构成辨析 [A]. 红山文化研究——2004 年红山文化国际学术研讨会论文集 [C].306.

2　内蒙古文物考古研究所：《克什克腾旗南台子遗址发掘简报》，《红山文化考古资料汇编》。

3　辽宁省文物考古研究所：《牛河梁——红山文化遗址发掘报告（1983—2003）》，文物出版社，2012 年。

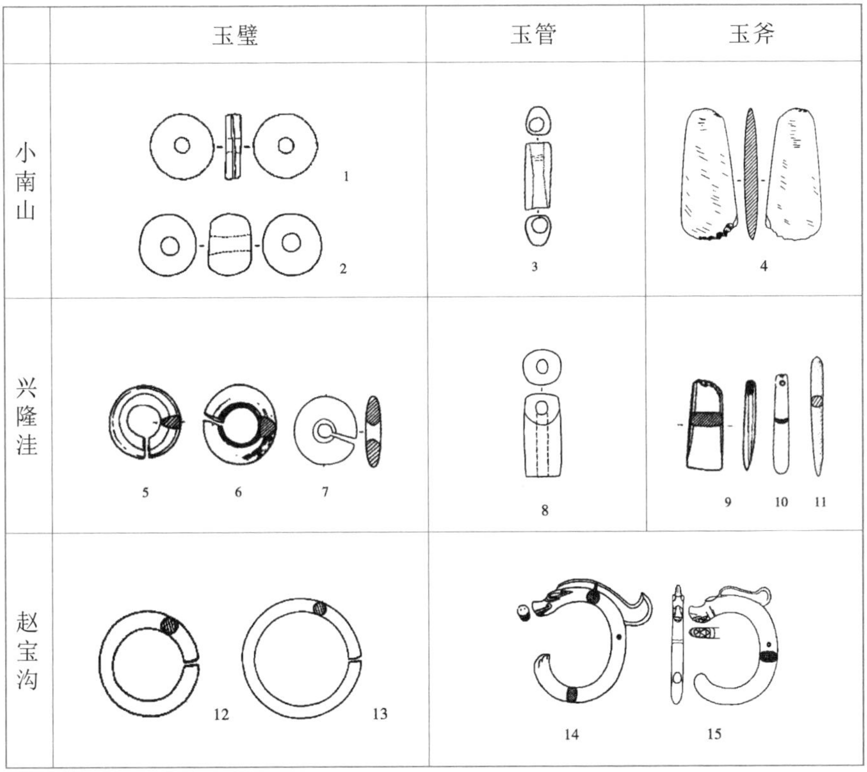

	玉璧	玉管	玉斧
小南山			
兴隆洼			
赵宝沟			

图 5-1　小南山、兴隆洼、赵宝沟文化玉器示意图

　　此外，辽西地区出现的"C"形玉龙被很多学者认为是属于赵宝沟文化时期的。在关于红山文化"C"形玉龙的造型和年代的这一问题上，考古学界虽然一直以来存在着争论，但基本认同这种"C"形玉龙年代属于赵宝沟文化时期，并且应为鹿的典型造型特点。南台地遗址的发掘者曾把红山文化时期出土的两件玉龙（图 5-1，14—15）与赵宝沟文化时期出土物上的鹿首龙纹饰作比较，认为无论是从"C 形龙"和赵宝沟"鹿首龙纹饰"的头部轮廓、纹饰特点还是从艺术风格上，在一定程度上也都具有着一定的相关性。至少，长吻龙在雕刻中把鹿作为其原形之一是可以说得通的。但

是，红山文化时期所能发现的"C"形玉龙与猪首龙，实际上是源于两种不同的动物题材。而其中的"C"形玉龙以鹿为原型，其最主要的原因是与当时所处地区的自然环境之间有着密切的相关性。赵宝沟文化时期出土的鹿科动物骨骼占比是最高的，是当时先民的主要肉食资源之一，这对于以依赖型生活方式为主的赵宝沟文化时期的先民来说，是至关重要的。不仅如此，在赵宝沟文化时期的小山遗址出土的陶尊（图5-2，1）[1]和敖汉旗南台地遗址调查时发现的陶尊（图5-2，2—5）[2]上也绘有"鹿、猪、鸟"的形象。而"C"形玉龙的形制的出现，在一定程度上也反映出了原始先民对于"鹿"这种肉食资源的需求，也反映出他们崇尚肉类食物的资源，并将其供奉为神灵的一种特殊表现。

小山	
南台地	

图5-2　赵宝沟文化陶尊上的鹿纹示意图

1　中国社会科学院考古研究所内蒙古工作队：《内蒙古敖汉旗小山遗址》，《考古》1987年第1期。

2　敖汉旗博物馆：《敖汉旗南台地赵宝沟文化遗址调查》，《内蒙古文物考古》1991年第1期。

现在有学者认为出土"三灵尊"的小山房址，是一种属于专门的祭祀性遗址。这从侧面反映出赵宝沟时期的先民对鹿的崇拜，而这种对鹿的崇拜实际上是媚神的一种表现。赵宝沟文化时期鹿的形象与"C"形玉龙中的龙形图案具有高度的相似和重叠，从而能够进一步证实"C"形玉龙的年代应是在赵宝沟文化时期，而非红山文化时期。"C"形玉龙是鹿的造型，属于赵宝沟文化时期，主要是因为赵宝沟文化时期居民日常生活中以鹿为主要食物资源，祭祀掌管鹿的鹿神是赵宝沟文化时期居民的最重要的原始信仰之一。而红山文化时期的典型代表应为猪首龙，并且猪首龙造型的原型也应基于红山文化时期先民的生业特征及主要食物来源的考虑，原始信仰与经济模式有着密不可分的联系。虽然红山文化时期猪首龙的形象，在形制和工艺上与"C"形玉龙之间存在着相似性，但是其形象的来源却应为猪的形象。玉猪龙这种玉器在制作加工工艺方面与赵宝沟文化"C"形玉龙之间存在着或多或少的关系。例如，在红山文化中期的辽宁省建平县牛河梁遗址第16地点的墓葬中，1件玉猪龙出土于头骨东侧下，立置，缺口处留有明显的切割痕，这从一定程度上体现着对早期玉器加工方面的砂绳线切割法的继承。这也可以表明，红山文化是直接继承和发展了赵宝沟文化，从而在辽西地区形成的一支新的考古学文化。赵宝沟文化时期玉玦体现了对兴隆洼文化的直接继承，而"C"形玉龙则是对兴隆洼文化玉玦的创新发展。如果说"C"形玉龙的原型应为鹿的动物形象，那么红山文化时期发现的玦形猪龙应与猪的动物形象有关。同样原理，红山文化玦形猪龙是对赵宝沟文化"C"形玉龙的继承和发展。而这种发展的根本动力是赵宝沟文化时期和红山文化时期人们渔猎采集为主的生业模式，只不过这两种动物在红山文化时期最为重要的肉食资源由鹿变成了猪。

我们可以得出一个结论：红山文化时期玉器加工制作是以小南山遗址为代表的早期东北亚玉器传统的延续。小南山遗址出土的玉器以玉璧和玉珠为主，在兴隆洼文化时期得到了一定程度的发展，出现了玉玦；赵宝沟文化继承了兴隆洼文化玉玦加工技术方面的同时，又根据当时渔猎采集为主的生业模式下鹿的主要形象创新出了"C"形玉龙。而红山文化正是在继承发展兴隆洼文化工艺技术的同时，借鉴和发展了赵宝沟文化"C"形玉龙文化元素，从而创新出了更加新颖的猪首龙的形象。同时，玉璧、玉玦、玉珠等传统器型有所保留。

二、奔流不息

红山文化出土的玉器包括几何类、动物类，其中几何类玉器有玉环、玉筒、玉玦、玉管等；动物类玉器有玉龙、具象型玉凤、抽象型玉凤等玉器。而这些玉器类型在夏家店下层文化，商文化，周文化遗址出土的玉器中都有所体现。

1. 夏家店下层文化中的红山文化造型玉器

距今约 4000 年，西辽河地区已进入了夏家店下层文化时期，因最初是发现于赤峰市松山区的王家店乡夏家店遗址，且属于下层，故命名为夏家店下层文化。夏家店下层文化典型遗址有赤峰市二道井子聚落土城遗址，敖汉旗大甸子墓葬遗址，赤峰市松山区三座店石城遗址，辽宁省北票市丰下遗址，敖汉旗城子山山城遗址等。其中出土夏家店下层文化玉器的遗址主要有大甸子遗址和二道井子遗址。

大甸子遗址是目前在辽西一带发现的规模最大的夏家店下层文化环壕聚落遗址，而大甸子墓地则是国内罕见的保存完整且经全面揭露的夏代方国墓地。夏家店下层文化前后延续时间超过 600 年，其在辽西一带的长期独立发展本身说明这支考古学文化代表的是夏代北方地区的一个强大方国。

　　大甸子遗址位于敖汉旗东南部的大甸子村，距今约 3600 年。1974 年至 1983 年中国社科院考古所内蒙古队经过对大甸子村聚落遗址和墓葬的系统发掘，该墓地出土器物十分丰富，其中大甸子墓地出土了 91 件玉器，器型不仅丰富，玉的材质也多样，包括透闪石、玛瑙、绿松石、安山岩、蛇纹石、玉髓、大理岩等多种，在原报告中统称为"玉礼器"。大甸子遗址墓地出土玉器的数量和种类多，包括几何类玉器，如玉玦、玉璧、玉环、玉管、玉璜、玉筒等；动物类玉器，如玉蝉、玉鸟、玉蛙等；工具类玉器，如玉斧、玉钺；还有其他类型玉器，如璇玑形玉、玉臂饰等。其他遗址也有零星玉器出土，数量相对较少。如夏家店遗址出土玉珠 2 件；二道井子遗址也有少量玉器出土，包括玉斧、玉凿、玉璧；平顶山遗址出土残玉环 1 件；丰下遗址出土玉鸟 1 件。夏家店下层文化玉器其特征有器型复杂、特征多样的特点，由此表现出来的不是单一的文化因素。在夏家店遗址中的某些遗址或墓葬中出现了红山文化玉器因素。与此同时，既表现出向其他地区文化传播和发展的特征，也有与其他地区文化因素融合的特点。

　　红山文化中最具典型性的带有瓢形灶址的圆角方形半地穴式房址、居住址中是以筒形罐为代表的平底陶器群和规模宏大的坛庙冢群以及祭祀址中大量出土的彩陶和人像中均不见于夏家店下层文化，但是在夏家店遗址下层文化出土的玉器中却可以见到大量以红山文化造型的玉器，我们能够直观看出两种文化之间有着某种联系。大甸子墓地是迄今所知发掘规模最大、出土随葬品最丰富的一处夏家店下层文化时期的墓地。该墓地揭露面积 1 万余平方米，共清理墓葬 804 座，其中 49 座墓中有随葬玉器，约占墓葬总数的 6%。大甸子玉器中玉璧、玉筒、玉环（镯）、玉管（珠）、玉凤等具有典型红山文化玉器特征。

红山文化几何形玉器在大甸子墓地几乎都能找到对应关系。大甸子墓地玉璧共有 5 件，分为圆形与椭圆形两类，内外侧边缘磨薄似刃状，靠近一侧边缘钻有小孔，分别出自 5 座墓内。玉璧共出自 5 座墓内，每座墓内各出 1 件，均出在墓主人胸腰之际，这 5 座墓中，大、中型墓各 2 座，墓主人年龄均在 25 岁以上，最大者 45—50 岁，女性 3 例，男性 1 例；另外 1 座墓属于小型墓，无葬具痕迹，墓主人年龄、性别未定。玉筒仅出 1 件，器体呈长筒状，无底，一端平口，另一端斜长口，内壁有琢磨加工痕迹。从出土位置及相关材料看，斜口筒形器横放在墓主人后腰部位，与脊椎相垂直。该墓属于中型墓，无葬具痕迹，墓主人是一位 50 岁左右的成年女性。玉环 4 件，出土于 4 座墓中，位置大都在腰胸之间，与手部距离较近。玉管和玉珠数量最多，松石 332 件、白石 1324 件、玛瑙 213 件、玉石 36 件，从出土位置看，应该是颈部项饰，多件不同质地的玉管或玉珠间杂串缀。玉玦共 10 件，完整的 5 件出土于 4 座男性墓葬中，皆在耳部，或左或右。此外，玉璧、玉环、玉玦的残件往往被穿孔，二次利用。

大甸子墓地出土的玉凤形制与红山文化玉凤极为相似，玉龙、玉龟则不见。大甸子墓地出土具象型玉凤 1 件。绿色玉质，椭圆形片状，边缘雕刻简陋，形似张开翅膀的鸟，中心一孔。造型理念上和红山文化具象型玉凤极为相近。大甸子墓地出土抽象型单勾玉凤1件。器体左右两侧各外伸一对相背的勾角，每对勾角间各有一对柱状小凸。主体部分上侧边缘呈外凸弧形，两端各外伸一个不明显的小凸；下侧边缘略直，两端及中部各外伸三个小凸，中部均作倒"V"字形的缺刻。中心部位有一勾状镂空和一圆形钻孔，四周琢磨出相应的浅凹槽纹络。靠近上侧边缘中部有一个圆形小孔。上述玉器出自墓主胸部。这两座墓皆属于中型墓，其中一座有木构葬具，墓主是一位25岁左右的成年女性。大甸子墓地出土抽象型单勾玉凤残勾仅1件，柄、身分界处起两道凸棱，柄部略窄，呈长方形，靠近顶端渐薄，并有一圆形钻孔；身部作弯钩状，两侧边缘磨薄，中部琢磨出相应走向的浅凹槽纹络。玉钩形器出自葬具内，该墓属于中型墓，无葬具痕迹，墓主人是一位14—17岁的女性。

动物类玉器中有1件玉蝉，也有学者将其称作鱼形器，在《大甸子》的原报告中也被称为雕花坠。经专家与学者的共同观察后认为将此玉器定为玉蝉更为合理。这件玉蝉能清晰且明显地分辨出雕刻的嘴部、眼睛、蝉身以及蝉翼等身体及细节部分，玉蝉身上钻有孔，说明是可系绳串挂和佩戴的。在动物类玉器中以蝉作为原型的玉器，自兴隆洼文化出土的玉器就有出现，如白音长汗遗址，就有出土一件玉蝉。红山文化时期更是有大量出土的玉蝉，如藏于敖汉旗博物馆和赤峰市博物馆的玉蝉。而在红山文化之后的夏家店下层文化，也发现了有玉蝉的出现踪迹，故此说明在夏家店下层文化出土玉器当中，红山文化玉器大量存在，本身说明夏家店下层文化与红山文化之间存在着不可忽视的文化渊源关系。这种土著文化传统的弘扬与承传，显示出红山文化所具有的巨大生命力和影响力。

此外，大甸子墓地出土玉臂鞲 1 件，与红山文化牛河梁遗址出土的玉臂鞲有异曲同工之妙。器体呈四边形，曲面，正面用减地的技术手法磨出六道瓦沟纹，四角各有一个圆形钻孔。玉曲面牌饰出在墓主左臂肱骨外侧，该墓属于大型墓，有木构葬具，墓主是一位 25—30 岁的成年男性。

通过对大甸子墓地 49 座随葬玉器墓进行全面分析后发现，随葬玉器种类、数量的多寡与该座墓等级、规格的高低并没有必然的联系。在整个墓地中，M726 规格最高，随葬 1 件玉斧。这说明红山文化时期的葬玉理念在夏家店下层文化时期依然有所保留，随葬玉器以祭祀功能为主。尽管上述八类玉器从造型看相似于典型红山文化玉器，但大甸子墓地出土管珠类玉器数量明显增多，达到数千件；玉斧等工具类玉器 101 件，数量也明显增多，更加注重装饰功能和实用功能。

2. 商文化中的红山文化造型玉器

郭大顺先生认为，红山文化的玉器对后世最直接的影响是对商代玉器的影响。多年主持殷墟发掘的郑振香指出，红山文化的玉器对商代是有所影响的，红山文化玉器中的"兽形玉"、钩形器柄在其他地区的新石器时代遗址中未有发现，因此殷墟这两类玉器有很大的概率是来自红山文化。[1]

红山文化对商代玉器的影响至少在四个方面可以找到直接的证据：第一是玉材的使用方式，商代的立体动物形玉器，多用的是籽料雕刻琢磨，依据玉材的大小与形状，对其施以合适的艺术

1　郑振香：殷墟玉器探源 [A]. 庆祝苏秉琦考古五十五年论文集 [C]，文物出版社，1989.

题材，这样就可以极大限度地利用玉材玉料。这种巧用玉材的雕琢玉器方法可始见于红山文化。第二是红山文化玉器的雕琢工艺对商代玉器直接起到了标准化与示范作用，商代玉器在很多方面受到红山文化玉器造型上的影响，如殷墟妇好墓出土一件钩形玉就与内蒙古巴林右旗出土的玉钩形器一模一样。第三是构图方式，尤其是一些玉龙、兽形玉器的构图技巧，很明显是红山文化玉器的来源。第四是红山文化动物类玉器，多用圆雕、浮雕、平雕等工艺琢磨，这些在商代玉器加工制作过程中也是最常用的工艺。

我们在商文化中也能找到大量的红山文化元素，特别是尊崇祖先、敬畏鬼神、占卜祭祀、崇龙尚玉的这些文化传统。郭大顺先生提到商代玉器中的代表性玉器即是玉雕龙，商代玉雕龙的玦形和首部形象都与红山文化玉龙有着较为直接的承继关系。商代玉器中的玉钩形器也是由红山文化流传下来的。妇好墓出土简化型勾云玉器和钩形器、商代安阳殷墟出土双连玉龟壳、北京琉璃河西周燕国墓出土的玉龟壳、勾云形玉器也都与红山文化的玉器有着密不可分的关联，这是红山文化玉器影响商周玉器重要的例证。红山文化之后到夏家店下层文化之前千年的时间里基本不见红山文化玉器，这段时间应该是红山文化的隐性传播阶段；直到夏商之际红山文化玉器再次出现，红山文化才再次进入了显性传播阶段。红山文化元素在商文化中的显性传播主要体现在玉器上，特别是妇好墓出土的大量玉器中很多都是红山文化典型器。此外，商文化中的尊崇祖先、敬畏鬼神、占卜祭祀、崇龙尚玉的文化传统也和红山文化高度契合。然而，商朝距离红山文化有两千年之遥，显然不具备直接的继承关系，两种文化之间巨大的时间缺环有待于通过系统的研究进行解决。本书主要通过比较找到红山文化在消亡数千年后玉器传播路线以及红山文化丰富的精神价值是如何影响到夏商周三代的。

在妇好墓共出土的玉器 755 件，分四类。其中玉玦、玉环、玉瑗、玉璜、玉琮、玉璧、玉璇玑等 9 种约占出土玉器总数的 23.2%，玉璜的数量最多，共 73 件；玉环次之，共有 24 件。戈、矛和刀等兵器类 54 件，约占总出土玉器的 7.2%，戈的数量最多，共有 39 件。锯、斧、锛、凿和各种刀类、弯锥形器、纺轮、铲、镰等工具类 74 件，约占总出土玉器的 9.8%，大多无使用痕迹，大概是象征性的。出土的刻刀有 23 件，绝大多数柄端雕成各种动物形象，大致有夔、鸟、鱼、虎等，多为浮雕，器型以鱼形最多，鸟形次之，两面阴线刻刻纹。多数在动物尾端刻出刀刃。刻刀柄端多有小孔，可佩戴。装饰品 426 件，约占 56.4%，品种相当复杂，大致有用作佩戴或镶嵌的饰物、用作头饰的和臂饰类的、衣服或器物上的坠饰、佩戴的串珠、圆箍形饰和杂饰等 7 种。妇好墓最重要的一类玉器是动物造型，上面既无可供佩戴的孔眼也无可供镶嵌的样，包括玉人、龙凤与鸟兽类各种动物，这些动物形象的玉雕有 155 件，包括兽畜类的鹿、马、牛、狗、兔、虎、象、熊、猴、羊头和兽头等；禽鸟类的鹗、鹦鹉、鸽、燕雏、鸟、鹤、鹰、鸿鹄、鹅等；此外有鱼类；两栖类的蛙；爬虫类的龟；昆虫类的蝉等。

在妇好墓[1]出土的玉器中，兵器类、工具类和装饰类器物基本不见于红山文化；但是玉器中的玉璧、玉镯、玉璜和动物类玉器中的禽类（主要是鹗）、兽类（主要是猪）、爬行类（主要是龟鳖）、昆虫类（主要是蝗虫器物）确是红山文化玉器中的典型器。此外，

1　郑克真：《浅析商代玉文化内涵——以妇好墓为例》，《文物鉴定与鉴赏》2021 年第 3 期。

妇好墓还出土了玉人和钩形器，虽然占比不高，但人像跪坐呈祷告姿态，神情和红山文化人像有诸多相似之处。钩形器和红山文化那斯台遗址出土的钩形器更是神似。总的来看，红山文化发达的玉器造型在妇好墓体现得非常集中，特别是几何形玉器和动物造型玉器两个系统整个面貌十分相近，其中又以动物造型玉器为著名。红山文化最发达的四类动物造型玉器——变化多端的玉凤、形制专一的玉龙、栩栩如生的玉龟和玉蝗都在妇好墓有发现。

陈志达对妇好墓玉器工艺进行了研究[1]，他认为妇好墓玉器的雕刻及其制作工艺有三个特点：一是在精心选料和用料。既善于利用玉料的自然形态，设计出比较切合的题材，也利用残器改制他器或利用较大的钻芯制成合适的器物。如伏卧回首的玉牛是利用玉料前高后低的自然形态设计而成；玉璧就是利用玉环、玉璧之类的中心部位通过管钻钻下来的玉钻芯制成的。二是使用了圆雕、浮雕、阴线刻、阳线刻、镂空、钻孔（管钻）、抛光等技法。三是先设计后雕刻，也就是说，雕刻纹饰可能进行了提前设计。因为多数浮雕的禽鸟和兽，各自两面的花纹基本相同，仅少数在局部有小的差异。陈先生的研究表明商代妇好墓内出土的玉器制作工艺和红山文化制作工艺传统完全一致。

3. 周文化中的红山文化造型玉器

红山文化玉器器型在西周和春秋战国之际仍然偶有发现。周文化出土玉器几何类玉器有玉环、玉玦、玉璧等；动物类玉器有玉龙、玉鸮、抽象型玉凤等。商代的立体动物形玉器，多用的是

1　陈志达：《殷墟玉器的工艺考察》，《中国考古学研究——夏鼐先生考古五十年纪念论文集》，文物出版社，1986 年；中国社会科学院考古研究所：《殷墟的发现与研究》，方志出版社，2007 年。

籽料雕刻琢磨，依据玉材的大小与形状，对其施以合适的艺术题材，这样就可以极大限度地利用玉材。这种巧用玉材的雕琢玉器方法可始见于红山文化，红山文化动物类玉器，多用圆雕、浮雕、阴线刻等工艺琢磨。红山文化玉器的雕琢工艺对商代玉器直接起到了标准化与示范作用，周代玉器在很多方面受到红山文化玉器造型上的影响。如河南三门峡西周虢国墓地出土的玉猪龙，颜色为乳白偏黄，M2009：810，高为 4.8cm，宽 3.1cm，厚 2.1cm；玉鸮，呈黑灰色，有白色沁痕，M2001：669—11长 5.3cm，宽 5.3cm，厚 1.4cm；抽象化玉凤残件，颜色是黄色，M2009：813，残高 6.2cm，宽 6.6cm，厚 0.5cm。此外北京琉璃河西周燕国墓地出土了一件抽象化玉凤残件，为黑色，M1029：24残长 5.5cm。此外，春秋和战国之际玉龙和玉凤也有出土。如陕西韩城梁春秋晚期的芮国墓 M26 出土一件玉猪龙，呈黄色，通体高 13.6cm，宽 11cm，厚 4.4cm；陕西凤翔南指挥镇战国中期 3 号墓出土了一件玉猪龙，黄色有白色沁色，高 2.2cm、宽 1.8cm、厚 0.6cm；陕西凤翔上郭店村春秋晚期墓出土了一件双勾形玉凤，长 11.4cm，宽 4.3cm，厚 0.15cm—0.3cm。

我们可以通过图来系统梳理一下红山文化的源流关系（图5-3）。红山文化是新石器时代晚期一支源于东北地区以渔猎采集为主的重要考古学文化，它充分继承并发展了东北地区渔猎文化久远的之字纹筒形罐和制玉传统，同时又充分吸收了中原农耕文化系统的彩陶元素，在激烈的文化交流中最终碰撞出了文明的火花。规模宏大的坛庙冢群、丰富的人物造像和独特的彩陶器群、玉器群的出现标志着红山文化晚期进入了古国时代。然而，随着大汶口文化强势冲击，红山文化逐渐走向衰落。距今约 5000 年小

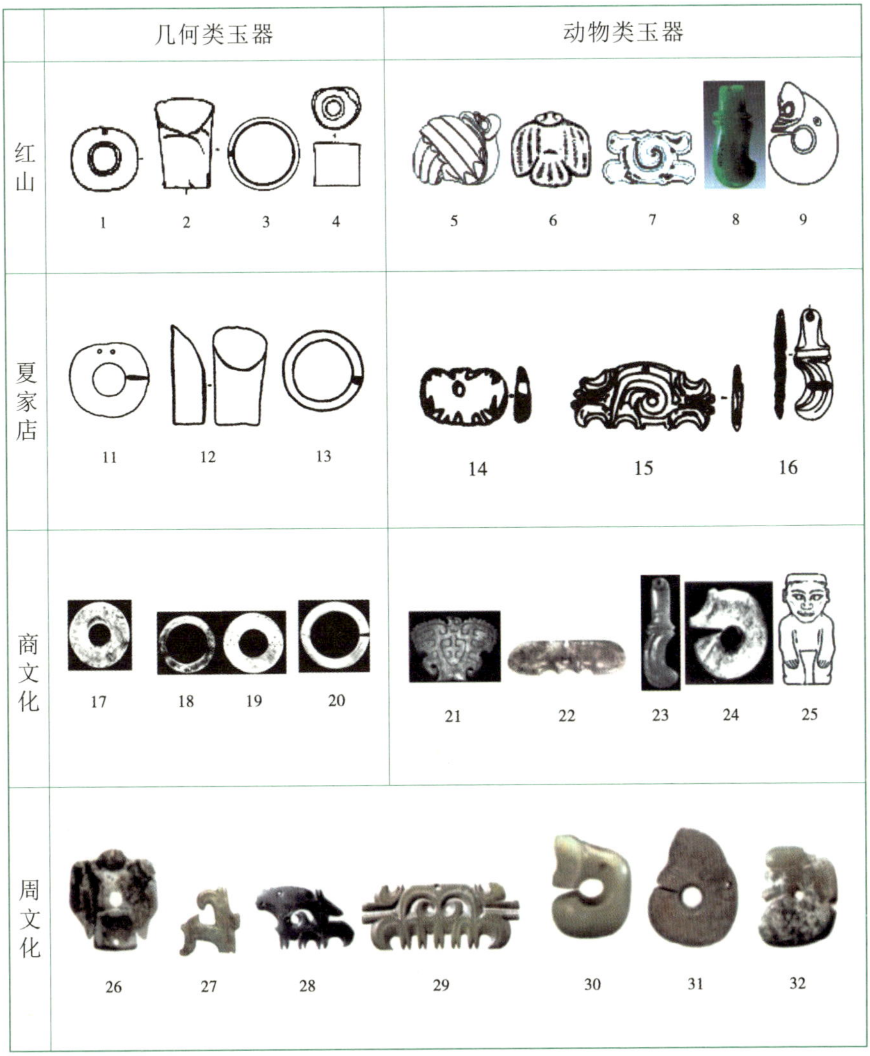

	几何类玉器	动物类玉器
红山	1　2　3　4	5　6　7　8　9
夏家店	11　12　13	14　15　16
商文化	17　18　19　20	21　22　23　24　25
周文化	26　27　28　29　30　31　32	

图 5-3　夏家店下层文化和商、周时期的玉器示意图

河沿文化的出现和距今约 4000 年夏家店下层文化的出现使得辽西地区文化面貌发生巨大变化，这是因为红山文化衰落后，辽西地区先后受到山东大汶口文化和中原龙山文化冲击。以筒形罐为代表的红山文化渔猎传统逐渐被以盆、豆、壶为代表的小河沿文化

取代，红山文化发达的玉器基本不见于小河沿文化中，呈隐性传播态势；但随着中原农耕文化新的一轮角逐开始，在夏家店下层文化主导的辽西地区，红山文化典型玉器再次出现，并被不断继承和发展，最终传导至商文化，直到西周和春秋战国之际在中原地区还有发现，成为一支不断的根脉，红山文化也因此成为中华文明主根系中的直根系。从这个角度说，红山文化从未真正地消亡，而是顽强地将东北渔猎文化固有的玉文化和原始信仰强力地植入了中华文化的血脉中。此外，也有学者对凌家滩文化玉器和红山文化玉器进行比较。认为凌家滩出土的玉璧、玉筒、玉鸮、玉龙、玉人和红山文化典型器极为相似。这绝不是偶然的，似乎暗示着红山文化衰落后，其玉器文化曾有过南进的势头，经过山东半岛、跨越千山万水，影响到了长江下游的安徽凌家滩地区。

第六章　文明初现

玉器是红山文化步入文明时代的重要标志之一。从时间上看，距今约 5000 年前后的中国史前有一个以炎帝、黄帝、蚩尤、少昊为主要人物的传说时代，这是一个文明的时代，红山文化恰好处于那个时代；从空间上看，环太平洋地区有一条玉器传播之路，红山文化所处的地理位置恰好是这条路的起点。从文化内涵上看，红山文化玉器是用于示神示礼的祭器礼器，是中华礼制的源头。从文化外延上看，玉器和龙凤文化是中华文化最典型的符号，代表着的独特的东方文明，而红山文化玉器正是将玉与龙凤融为一体，并传至后世的重要源头。因此，红山文化玉器的"唯玉为葬"制度对中国礼制的形成产生深远影响，文明曙光初现。

一、玉鸟的王国

考古发现的红山文化与传说中的黄帝时代少昊部落基本特征有诸多可比之处，时间上也恰好吻合，因此我们推断红山文化晚期已经步入文明时代。

第一，红山文化时期与黄帝时期社会主要矛盾都是人与神之间的矛盾。根据 C14 测年，距今约 5000 年左右的牛河梁遗址群属于红山文化晚期，人与人之间的矛盾并不突出。一是红山文化房址内出土的绝大多数生产工具都是用于渔猎采集，不见战争武器；从出土的人骨来看，多为正常死亡，基本不见杀戮迹象。二是红山文化祭祀址表现的是浓烈的祭祀氛围。祭祀用的陶器绝大多数是彩陶，制作工艺和规格远超实用器，特别是彩陶纹饰清晰疏朗、流畅飘逸、充满宁静祥和；随葬品唯玉为葬，制作精美，经过认真打磨。这些虔诚的祭祀现象表明，牛河梁为代表的红山社会并不存在大规模战争杀伐现象。

据《左传》记载，鲁昭公十七年，郯子访鲁国，鲁昭公设宴款待，鲁国大夫叔孙昭子向郯子请教少昊氏用鸟来命名百官的故事，郯子就加以解释并进行了扩展，郯子说远古时候黄帝用"云"来记事，所以他的百官都用"云"来命名；共工氏用"水"来记事，所以他的百官都用"水"来命名；炎帝用"火"记事，所以他的百官都用"火"来命名；少昊在即位的时候，恰巧有凤鸟飞来，于是少昊便以"鸟"来记事，所以他的百官都用"鸟"来命名，太昊则以"龙"纪事，所以百官用"龙"来命名[1]。可见，黄帝时期人们更多地关注"云""水""火"等自然神的力量，或者是"龙""鸟"等动物神的力量，奉若神灵，加以祭祀。

第二，红山文化与黄帝时期的太昊、少昊文化有一定对应关系。虽然考古发现的红山文化时期与历史文献记载的黄帝时期时间上有对应关系，但这并不意味着红山文化就是黄帝文化，而与传说中的太昊、少昊文化有一定的可比性。

从文化内涵上来看，红山文化与传说中的少昊文化有一定的可比性。红山文化最重要的图腾就是凤鸟，不仅数量可观，而且

1　左丘明：《左传》，中华书局，2016年。

种类繁多，这与少昊以鸟名官的记载相符。玉猪龙这一类玉器的制作在红山文化时期已经十分规范。虽然出土的红山文化玉器中有关"龙"的题材数量也很多，但形制上几乎没多大变化。相比之下，红山文化玉器中"鸟"的形象极具特色。红山文化原始居民对"鸟"的重视与崇尚，与少昊氏"以鸟为纪"的说法不谋而合。颜祥富先生将搜寻到的红山文化鸟图腾玉器与《左传》中关于少昊以鸟命官的24支鸟图腾进行了对比验证，得出红山文化与少昊部落有密切联系的结论[1]。此外，牛河梁红山文化第三地点出土一件玉臂饰 N3M9：2，淡绿色玉，泛黄[2]；质匀细腻，光泽圆润，造型匀称，做工精巧，为本遗址各地点出土玉器中所仅见，有学者认为是系戴在胳膊上架鹰的工具。玉臂饰器身作弯板状，一端宽而另端窄，宽端有直边，窄端为弧边。直边的两侧向外有对称凸出部分，将臂饰分为宽直边与窄弧边两段，窄弧边的一段正中距弧形边 0.35cm 处对钻单孔；宽直边两侧凸出部分近边缘处一边钻三孔，孔为上一下二排列，另一边钻二孔，为上下竖列；两侧上下与孔对应的位置，均磨出深约 0.1cm 的短卡槽。器身外弧的外表磨出减地阳纹式的五道回字形瓦沟纹，瓦沟线条整齐而沟面匀称，五道瓦沟纹间距最窄为 0.9cm、最宽为 1.2cm；沟深与凸起分别为 0.2cm，0.3cm。内弯的背面未作磨光处理，无光泽，且稍显瑕斑。这件玉臂饰的出土表明红山文化晚期牛河梁居民对鸟，特别是猛禽的高度崇拜，这一时期红山文化居民最崇拜的图腾是凤鸟文化。

1　颜祥福：《红山文化鸟图腾玉器研究》，《第十一届红山文化高峰论坛文集》2017 年。

2　辽宁省考古研究所，《牛河梁红山文化遗址发掘报告（1983—2003 年度）》，文物出版社。

红山文化之前的赵宝沟文化与太昊文化也有一定的可比性。一方面，从兴隆洼文化开始，辽西地区就已经出现了 "龙"，无论是查海遗址广场上的石堆龙、筒形罐上的蛇衔蛙，还是卡尺营子遗址石质神面上的蛇纹饰，都足以说明兴隆洼文化时期"龙"在辽西地区都已经成为主要文化符号。赵宝沟文化时期"龙"的造型更加丰富。小山遗址三灵尊上的卷曲的蛇身、南台地遗址陶尊上刻划的卷曲的鹿，以及赛沁塔拉出土的"C"形玉龙都被认为是赵宝沟文化的典型符号，这与太昊部落对于"龙"的崇拜有着紧密的对应关系。另一方面，红山文化出土大量的猪龙（也被称为玦形龙）虽与赵宝沟文化"C"形玉龙造型不同，但是也显示了与其具有一定的亲缘关系。显然，将赵宝沟文化的"龙"与太昊文化以"龙"为记相对应、将红山文化的"凤"与少昊文化以鸟名官相对应是有一定依据的。

  第三，《左传》鲁昭公十七年的记载非常明确地表明了炎黄部落和两昊部落属于相互对抗的两大文化集团。和太昊对于"龙"、少昊对于"鸟"等动物神的崇拜不同；炎帝崇拜的是"火"、黄帝崇拜的是"云"、共工崇拜的是"水"，都是自然神。如果将视野扩大到考古学领域，我们会发现：距离红山文化分布区不远的山东大汶口文化的考古发现也出现了一些与《史记·五帝本纪》记载所契合的现象。大汶口文化大口尊上的刻划"日月山"符号数量众多，但象形字特点格外明显，具有了原始文字的特征，笔者对其进行了认真分析，认为"日月山"上面是圆日，中间是弯月，下面是尖山，应该就是"云"的象形字。此外，大汶口文化墓葬中出土的大量龟甲，又让人联想到"黄帝"的另一别称"天鼋"，郭沫若先生对献侯鼎中铭文做出解释，"天鼋二字，铭文多见，旧译为子孙，余谓当是天鼋，即轩辕也。"[1] "天鼋"即某种被神化了的巨大龟类，传说黄帝部落以此为图腾。如果大汶口文化与黄帝部落对应，红山文化与少昊部落对应，那么多年来史学界关于炎黄、蚩尤、少昊等部落错综复杂关系的争论也就迎刃而解了；考古发现反映的红山文化晚期突然消失、小河沿文化出现也就有了合理的解释了。关于黄帝与少昊的关系，在各类记载中有着不同的说法，成书于先秦早期的《孔子家语》中记载："黄帝者，少昊之子，曰轩辕[2]……"但在后来的《汉书》《世本》《史记》等书中记载的都是"黄帝"是"少昊"的父亲，但是，《盐铁论》中却记载"轩辕战涿鹿，杀两昊、蚩尤而为帝。"[3] 我们认为这并不难理解。一方面，黄帝部落与少昊部落应存在着一定的联系，或者在文化上有交流或者在地域上是近邻，只不过这种关系被人为地夸大为血亲关系了；另一方面，两个部落之间应该在一定的历史节点上发生了冲突，导致少昊部落最终被黄帝部落打败，这种矛盾应该是事物的本质，否则为什么司马迁在《史记·五帝本纪》中记载黄帝之后是孙颛顼而不是子少昊？从考古发现看，红山文化出现玉龟造型与大汶口文化应该有联系，之后的小河沿文化与大汶口文化关系更为密切。这与文献记载的黄帝部落杀伐两昊和蚩尤后势力进一步增强一致。结合杨伯达先生所划分的史前玉文化板块的说法[4]分析，东北夷玉文化也就是红山文化夷玉文化，在特征上与传说时代太昊、少昊部落文化有可比性，西辽河流域最

　1　郭沫若：《两周金文辞大系图录考释·献侯鼎考释》，上海书店出版社，1999 年。

　2　王国轩、王秀梅：《孔子家语》，中华书局，2011 年。

　3　桓宽：《盐铁论》，中华书局，2015 年。

　4　杨伯达：《中国史前玉文化板块论》，《故宫博物院院刊》2005 年第 4 期。

先出现了礼制的雏形；而在红山文化与山东地区大汶口文化这一史前文化的交流当中，红山文化玉器造型也出现在了大汶口文化之中，如三联璧和多联璧；大汶口文化的"天鼋"图腾则在这种交流传播中来到了红山文化分布区，发展成为红山文化玉龟造型。但我们必须认识到，红山文化与大汶口文化有着不同的文化传统，相互作用是有限的。大汶口文化部分吸收了红山文化"玉礼制度"，但红山文化以玉为尊、大汶口文化以陶为尊的传统各自保留着。

二、玉兵的世界

中国史前有过一个特殊的世界，即古史记载的"以玉为兵"的世界。有关"以玉为兵"这一词的文献记载最早见于《越绝书》，楚王问风胡子关于让欧冶子、干将二人为自己铸剑的事情，并且请来了二人为自己打造了龙渊、泰阿、工布三把宝剑，晋王郑王想要这三把宝剑，就发起战争，派兵包围楚国城池，连续三年的战争，耗尽了城池的储备，楚王手持泰阿剑登高指挥，然后打了胜仗，问风胡子原因，风胡子就说出了"时各有使然。轩辕、神农、赫胥之时，以石为兵，断树木为宫室，死而龙臧。夫神圣主使然。至黄帝之时，以玉为兵，以伐树木为宫室，凿地。夫玉，亦神物也，又遇圣主使然，死而龙臧。禹穴之时，以铜为兵，以凿伊阙，通龙门，决江导河，东注于东海。天下通平，治为宫室，岂非圣主之力哉？当此之时，作铁兵，威服三军。天下闻之，莫敢不服。此亦铁兵之神，大王有圣德。"[1] 这一番话表明：风胡子将不同历史时期所崇尚的"兵"划分成了四个阶段：第一，轩辕、神农、赫胥时期

---

1 吴平：《越绝书·外传·宝剑记》，中华书局，2020年。

是"以石为兵"，可以用石器砍断树木建造宫室，在人死后随葬；第二，黄帝时期是"以玉为兵"，用玉石就可以砍伐树木制造宫室，凿地而居，在死亡后随葬；第三，大禹时期是以"以铜为兵"，用铜器工具治理水患；第四，风胡子所在的时期，即春秋战国时期，就是用铁铸造兵器，即"以铁为兵"。这里指的"兵"，指的并不是单方面用以劳作或作战的兵器，而是标志着生产力发展最高水平的生产工具。值得注意的是，这和考古学发现与历史研究是高度吻合的。距今约 10000—5000 年的新石器时代，即轩辕、神农、赫胥时代石器为主要生产工具；距今约 5000—4000 年五帝时代，作为石质优良的玉器为社会上层人物掌控；距今约 4000—2000 年的夏商周时代青铜器被统治者开发利用；距今约 2000 年以后的战国以后铁器被广泛使用。因此，风胡子的认识具有一定的合理性。风胡子提到了"神物"和"圣主"两个词，黄帝时期"圣主"就应该是黄帝等贤明的领导者，"神物"就是在"圣主"领导时期象征权力的玉器。因为大禹铸九鼎，九鼎的原料是青铜，因此这里的鼎就是大禹权力的象征，也就是大禹作为圣主时使用了象征权利的铜鼎；另一个原因在文中，楚王手持泰阿指挥军队，并没有亲自去作战，他手中的铁剑也就是这个时期可以威服三军的"神物"。由此可见黄帝时期的"以玉为兵"并不一定是用玉做兵器，而是用玉作为象征神权的标志物，这个标志物可以调动整个社会资源，从这个角度说，玉器具备了礼的作用。红山文化晚期距今约 5000 年，恰好处于风胡子所说的"以玉为兵"的时代，考古发现的红山文化晚期是一个玉兵的世界，主要表现在两个方面。

第一，从小的范围看，中国境内有三个史前玉文化圈，红山文化所分布的环渤海地区是中心。考古研究表明：在距今 10000

年左右，东北的吉林黑龙江地区、环渤海地区和东南沿海地区普遍出现了玉器，构成了一条北端到黑龙江、南端达珠江的玉文化带，在这条文化带上大体有三个史前玉文化圈，东北近海地区、环渤海地区和江淮地区。东北近海地区新石器时代玉文化遗存发展序列可分为两支，饶河小南山遗址——黑龙江倭肯哈达遗址——吉林左家山一期文化遗存——吉林长岭腰井子遗址——黑龙江鸡西刀背山遗址——黑龙江新开流遗址下层等；环渤海地区新石器时代玉器发展序列为兴隆洼文化——红山文化——小河沿文化；小珠山一期、二期、三期文化——大汶口文化——龙山文化等；南部江淮地区史前文化圈在此期间发展序列为河姆渡文化——马家浜文化——崧泽文化——北阴阳营文化——良渚文化——石家河文化等。[1]而南方长江流域的良渚文化和辽河流域的红山文化南北呼应，在 5000 年前后的南北方地区掀起了"以玉为兵"的发展高峰，"北红山，南良渚"格局也由此形成。

距今 5000 年前后，环渤海地区玉文化带发展至红山文化时期，与南部江淮地区环太湖流域良渚文化玉器南北遥相呼应。从玉器出土地点来看，红山文化玉器与良渚文化玉器出自于墓葬、祭坛。红山文化墓葬随葬品呈现"唯玉为葬"的特点，每座墓出土玉器数量不等，总体来看，少于同等级良渚文化墓葬随葬玉器数量。如三官甸子三座石棺墓出土玉器共计 11 件，牛河梁 M4 出土玉器 3 件。而良渚文化墓葬随葬玉器的多寡则取决于墓主的身份地位，墓主身份越高则随葬玉器越多，多者可达上百件，如反山 23 号墓随葬品中仅大型玉璧便有 52 件。但是，两者最大的共性特征是均

---

1 任妮娜：《环渤海地区新石器时代玉器研究》，辽宁师范大学硕士论文，2013 年。

有大量的玉璧出土，而玉璧是最主要的器型，红山和良渚玉璧或许同源。贾公彦疏："宗伯，璧礼天，琮礼地"，红山文化与良渚文化都出土了大量作为礼天的玉璧，作为礼地之用的玉琮却仅有良渚文化大量出土。与之相对应的是红山文化中出土了大量的无底筒形器而良渚文化中并未发现，红山文化无底筒形器亦如玉琮般有高低造型之分，仅出现位置有所不同，玉琮通常发现于墓葬中，而无底筒形器则常见于冢外。郭大顺先生曾就无底筒形器的功能向张忠培先生请教，张忠培先生脱口而出"陶琮"。[1] 如此，以无底筒形器作为红山文化礼地之器对应良渚文化礼地之器玉琮便说得通了。可见，作为中国南北两大玉文化中心的"南良渚、北红山"都是以玉璧为纽带而联系在一起的，是中国玉文化的两座高峰。

第二，从大的范围来看，环太平洋沿岸有一个大的史前"玉文化圈"，在这个圈内，以东北近海地区为中心，有两条玉器传播带，红山文化玉器是这条带上一颗最为璀璨的明珠。

第一条是由北向南的玉器传播带。考古研究表明，这条传播带极有可能以东北近海地区为中心，经环渤海地区到达江淮地区。南下则主要以玉玦的传播为主，玉玦通过天津市蓟州区牛道口遗址、山东小荆山遗址，到长江下游马家浜文化、崧泽文化，这些遗址都有玉玦出土，再一路南下到时代较晚的华南，还有越南、菲律宾等国，这些地方亦有玉玦出土。形成的"玦文化圈"作为玉器之路的南下代表，成为"环太平洋文化圈"的重要一部分。[2]

1 郭大顺：《写在牛河梁遗址发掘报告出版之际》，《郭大顺考古文集》，辽宁人民出版社，2017 年 3 月第 1 版。

2 郭大顺：《从世界史角度研究红山文化》，《第八届红山文化高峰论坛文集》，2014 年 5 月第 1 版。

第二条路线是由北向东的玉器传播带。这条传播带以东北近海地区为中心，经过白令海峡传到北美洲西北海岸，最后到中美洲。1987年，《人民日报》以《美洲印第安人源于亚洲》为题转载《瞭望》1987年第1期庞炳庵与墨西哥全国人类学博物馆馆长莫克特苏马的谈话。莫克特苏马认为旧石器时代晚期美洲北部与亚洲石器有相似之处，且古代印第安人具蒙古人种特征，基于以上现象推测可能古人类曾越过白令海峡，使得亚洲和美洲进行文化交流，莫克特苏马馆长特别提到"中国最近在辽西发现的五千年前的古代文物中，女神头像、陶质女裸体小型像等，与古代印第安文物相似，而中国的东北地区，正是古代亚洲人前往美洲的必经之地。"[1]张光直先生曾通过对中国商文化与中美洲玛雅文明的对比分析，提出"环太平洋底层"这一概念，认为中国商代与玛雅的文化相似性并不一定是接触传播，亦有可能是世界性的文化现象。[2]不论是否为传播论，不可否认的是在比较分析中，我国东北地区与北美洲西北海岸地区两者文化有相似之处。黄翠梅、叶贵玉在《从玉石到玉器——环太平洋地区玉文化之起源与传布》一文中认为，环太平洋有三大文化圈：东亚、中美洲和南太平洋岛屿文化圈。三大文化圈中以东亚玉文化圈最早、延续最久，因此南太平洋岛屿、中美洲玉文化圈可能曾受东亚玉文化圈影响并促进其形成。而东亚玉文化圈又以西辽河流域兴隆洼文化的玉器最为成熟，红山文化玉器最鼎盛、辐射范围最大，由此可以推断西辽河流域所在的

1　郭大顺：《从世界史角度研究红山文化》，《第八届红山文化高峰论坛文集》，2014年5月第1版。

2　张光直：《中国古代文明的环太平洋的底层》，《中国考古学论文集》，三联书店，2013年3月第1版。

地区很可能是环太平洋玉文化圈的起点。[1] 小南山等遗址发现后，我们进一步深化了对东北亚玉器起源地的认识，红山文化玉器可能为环太平洋文化圈上玉器发展的一座高峰。红山文化时期的西辽河流域，既是"彩陶之路"的东端，又是"玉石之路"的起点，正是沟通东西方的"彩陶之路"与环太平洋"玉石之路"的交汇点，成为红山文化在中华大地较早跨入文明社会的一个重要推动力。[2]

总之，我们认为以东北近海地区为中心，向南向北分别形成两条玉器传播带：一条沿渤海湾南下，越过辽河、黄河、长江，经中国东部沿海和东南沿海，传播到大洋洲地区；一条北上经白令海峡，穿越北美进入中美洲地区。距今约5000年前后，在这条传播带上以牛河梁遗址群为代表的红山文化形成了"唯玉为葬"的制度，环太平洋成为玉兵的世界。

三、玉礼的时代

王国维先生对"豊"字做出"像二玉在器之形"[3]的解释，即像两块玉在器物中的形象。有学者指出制陶业发达的大汶口文化出现了大量的陶质礼器[4]；郭大顺先生在论述红山文化"唯玉为葬"习俗时指出，在随葬时基本只用玉器而很少用或者不用陶器，说

1 黄翠梅、叶贵玉：《从玉石到玉器——环太平洋地区玉文化之起源与传布》，《玉文化论丛（四）》（红山文化专号），众志美术出版社2011年版，第204—236页。

2 郭大顺：《从世界史角度研究红山文化》，《第八届红山文化高峰论坛文集》，2014年5月第1版。

3 王国维：《观堂集林》第1辑290页，中华书局，1959年。

4 王忠保：《海带地区大汶口——龙山文化陶礼器试析》，山东大学。

明了红山文化时期形成了初始的"玉礼制度"。[1]

　　大汶口文化发达的陶礼器出现是基于物质层面的需求，而红山文化独特的玉礼器则是基于精神层面的需求，这是由二者不同经济模式和生活方式所决定的。

　　大汶口文化具有代表性的礼器主要有陶质鼎、鬶、鬹、壶等，这是原始农业经济最集中的反映。原始农业社会人们更加注重对于祖先神的祭祀，其中供奉祖先、享用美食是祭祀活动中的重中之重。出土于墓葬中的大汶口文化各种精美陶器无不是炊器、盛器，反映了人们为了满足祖先最基本的物质需求而进行的祭祀活动。反观红山文化，具有代表性的礼器主要是玉质的璧、环、管和龙、凤、龟等，陶器几乎不见于墓葬中。红山文化原始农业占比不高，但渔猎采集经济却十分发达。

　　渔猎采集经济导致人们更加注重对于自然神和动物神的祭祀，因此供奉祖先、享用美食时祭祀活动本身并不重要，如何与天沟通，与神互动才是最重要的。玉之所以成为最重要的载体并被人类赋予如此强大的生命力首先是因为玉本身的价值。《说文解字》中解释："玉，石之美者"，这是"玉"有别于"石"的物质基础，而当玉被赋予特殊的含义时，是"玉"超脱于"石"的精神内涵。一方面，玉质地坚硬，不易破损，是制作斧、锛类生产工具的最佳原材料，有极高的实用价值。另一方面，玉纹理细腻，晶莹剔透，美轮美奂，可视性强，在生产力尚不发达的史前社会是最好的原材料，无论是用于敬天、祭祖还是用于奉神都是最佳选择。正是基于此，玉器从开始就表现出与人的思维观念和社会生活的联系

1　郭大顺：《红山文化的"唯玉为葬"与辽河文明起源特征再认识》，《文物》1997年第8期。

性，这使得玉器具备了有别于其他质地器物的象征义。玉礼器和陶礼器交相辉映、殊途同归。虽然因为发展根系不同，形成的体系不同，但是却共同构筑起了中华早期文明的礼制雏形。

从神本社会人们用玉祀神到王本社会人们以玉礼王，万年来中国玉器也随着社会不断发展变化而有了不同的内涵。杨伯达先生认为中国玉文化大体可分为巫玉、王玉和民玉三个阶段[1]，我们认为很有道理。但是，必须注意到，万年来人类是基于社会矛盾的重大变革而赋予玉不同的文化内涵，玉经历了由最初的礼神到之后的礼王，再到最后民用。

第一阶段为巫玉时代，始于史前时期，延续到三代以前，距今约 10000—4000 年，这一时期社会主要矛盾为人与神的矛盾，玉被巫觋作为调和人神关系的中介。巫觋是人神两者间的沟通协调者，而玉器是巫觋祭祀时重要的法器，这一时期相继出现了红山文化和良渚文化两个玉器文化高峰。史前时期的红山文化玉器多为神玉，被巫独占。红山文化出土玉璧约 45 件，玉筒形器约 16 件，玉管约 8 件，玉龙约 10 件，玉凤约 23 件，玉龙凤佩 1 件，玉龟约 6 件，均出于墓葬之中。郭大顺先生曾在访谈中提到："红山文化时期在表达人与人关系时，有精神重于物质的思维观念。"[2]曹彦生先生在《红山文化的人类信仰初探》一文中认为红山文化坛、冢、庙的布局反馈出先民的信仰沿循着自然崇拜、图腾崇拜、祖先崇拜的信仰轨迹，推断红山文化晚期信仰主要为祖先信仰，正

1　杨伯达：《巫—玉—神泛论》，《中原文物》2005 年第 4 期。

2　郭大顺：《关于红山文化玉器研究的新思考——辽宁省文物考古研究院名誉院长郭大顺先生专访》，《红山文化研究第七辑·玉器研究专号》，文物出版社，2020 年 12 月第 1 版。

处在由女神向男神转化的中间阶段。[1] 田广林先生在《西辽河史前玉器与中华礼制文明》一文中，系统地分析了兴隆洼文化和红山文化玉器的造型特征和社会功用，指出以兴隆洼文化玉器和红山文化玉器为代表的中国史前玉器的基本社会功用并不是现实生活中的工具和装饰品，而是皆属事神的礼器。[2] 红山文化玉器就在这浓厚的宗教背景下担任着巫觋用来施法通神的巫器角色。《国语·楚语》载："古者民神不杂。民之精爽不携贰者，而又能齐肃衷正，其智能上下比义，其圣能光远宣朗，其明能光照之，其聪能听彻之，如是则明神降之，在男曰觋，在女曰巫。"由于巫觋所具有的独特能力使其在部落中拥有了崇高的地位和声望，为了维持这种政治上的优越性，巫觋便极力垄断对于巫玉的拥有和使用[3]，因此玉器象征着尊崇的身份地位。这一阶段作为法器的玉器不仅对玉质、使用者有严格要求，其纹饰也有特殊的含义。《荀子·解惑篇》引："有凤有凰，乐帝之心。盖言凤凰在帝之左右"，《殷墟文字丙编通检》载："翌癸卯，帝不令凤？翌癸卯，帝其令凤？"根据这些文献我们可以得知凤是作为帝与王之间往来的使者，是巫者与天沟通的重要媒介，郭沫若先生认为"凤"最初泛指所有鸟类，并非特指某一类鸟。[4] 因此红山文化出土鸟型玉器，其功用可能是借鸟来沟通上天。良渚文化福泉山 6 号墓出土用于礼天的玉琮四角亦各饰一鸟。到新石器时代晚期还出现了以动物形象神化自身

1　曹彦生：《红山文化的人类信仰初探》，《昭乌达蒙古族师专学报》（汉文哲社版），1990 年第 4 期，第 11—16 页。

2　田广林：《西辽河史前玉器与中华礼制文明》，《辽宁师范大学学报》2006 年第 4 期。

3　张闻捷：《试论商代巫玉的源流》，《南方文物》2010 年第 1 期。

4　郭沫若：《郭沫若全集历史编第一卷·青铜时代》，人民出版社，1982 年9 月第 1 版。

的现象，如中国神话中两耳盘蛇的人为神人，《大荒东经》里记载："东海之渚中，有神，人面鸟身，珥两黄蛇，践两黄蛇，名曰禺䝞。"《山海经·大荒北经》里记载："北海之渚中，有神，人面鸟身，珥两青蛇践两赤蛇，名曰禺强。"禺䝞和禺强分别是黄帝的子和孙，是东海和北海的海神，二者形象的都有鸟身、珥二蛇、践二蛇这些特点，郭大顺先生认为珥蛇是玉玦的象征，少数佩戴玉玦的兴隆洼文化上层分子，就是古史传说中两耳环绕龙蛇的神人原型，他们耳上的玉玦意义并不在于美化生活，而在于标识他们与众不同的神灵之体。[1] 王国维释"礼"字为"象二玉在器之形"，为"以玉事神之器"，表明玉与神的密切关系。[2] 上古之时，对于神灵的祭祀是个人的自由行为，人人均可通过祭祀与神灵进行对话、交换，每一位祭祀的人拥有平等的权利，之后发展为以整个血缘关系相同的家族进行集体祭祀，代表着向集体信仰演进的过程，这两种的祭祀性行为属于"家为巫史"阶段，一直持续到颛顼时期。颛顼即位后进行改革的核心便是通过设置专门的祭祀机构、任命专门的神职人员来垄断宗教神权，此后普通人不再能随便与天地对话，是为"绝地通天"。[3]

第二阶段为王玉时代，从商周时期延续到清末，社会主要矛

1　郭大顺：《关于红山文化玉器研究的新思考——辽宁省文物考古研究院名誉院长郭大顺先生专访》，《红山文化研究第七辑·玉器研究专号》，文物出版社，2020年12月第1版。

2　郭大顺：《关于红山文化玉器研究的新思考——辽宁省文物考古研究院名誉院长郭大顺先生专访》，《红山文化研究专辑·玉器研究专号》，文物出版社，2020年12月第1版。

3　郭大顺：《关于红山文化玉器研究的新思考——辽宁省文物考古研究院名誉院长郭大顺先生专访》，《红山文化研究第七辑·玉器研究专号》，文物出版社，2020年12月第1版。

盾已经从人与神之间的矛盾转变为人与人之间的矛盾，这一阶段玉器弱化了对原始神灵的崇拜，转而为王服务，成为礼器的象征。此时祭祀权利由统治阶级最高代表——王掌握，从集体信仰发展为国家信仰，祭祀与王权政治紧密结合，这就是我们通常所说的礼制，玉就成了统治阶级身份和财富的象征。《左传·哀公七年》记载："禹合诸侯於涂山，执玉帛者万国。"可见，夏建立前玉已经被作为最高规格的礼物用于调和人与人之间的矛盾了。西周时期，玉礼已经被制度化。《周礼·大宗伯》载："以玉作六瑞，以等邦国。王执镇圭，公执桓圭，侯执信圭，伯执躬圭，子执谷璧，男执蒲璧。"，并对六瑞进行尺寸的限制——镇圭长一尺二寸，桓圭长九寸，信圭长七寸，躬圭长五寸。五寸之圭相当于十厘米。可见，六瑞从命名、形状、尺寸等方面限制了使用的等级、使用者的身份，是政治生活中的身份辨识物。与夏商相比，西周开始以"苍璧、黄琮、青圭、赤璋、白琥，玄璜"为代表的"六器"，考古出土的祭祀用器比重明显降低，而作为佩玉、节玉、命玉等瑞玉在种类和规模上远超祭祀用玉。[1]这说明玉器礼神作用大幅下降，而被作为王代表的上层社会所有，成为身份和地位的象征，甚至被赋予了更丰富的文化内涵。《国风·秦风·小戎》载："言念君子，温其如玉"，《礼记聘义》载："昔者君子比德于玉焉，温润而泽，仁也。"春秋战国时期以后，人们将玉器比作君子的品德，赋予玉"仁、义、智、勇、洁"五德或"仁、知、义、礼、乐、忠、信、天、地、德、道"十一德。玉的品质是美好事物的代名词，是故"君子无故，玉不去身"。王玉时代人们赋予玉器的精神价值远超其本身的物质价值本身，其首要功能是个人社会身份和地位的象征，

1　朱怡芳：《中国玉石文化传统研究》，清华大学博士论文，2009 年。

而对于礼神的功能已经大不如前，降居次要地位。

第三阶段为民玉时代。随着人们对于客观世界认识更加理性化，社会主要矛盾从人与人之间的矛盾转变为人与自然的矛盾。玉器被更为理性化评估，其精神价值被剥离，物质价值被再次客观地呈现。人们制玉用玉仅仅是为了美化生活，不再具有礼的功能，也不是权力、等级的象征，也因此被逐渐普及到全社会。当然，我们必须认识到，由巫玉、王玉向民玉过渡是一个漫长的社会化过程。巫玉时代晚期王玉的功能也开始显现，王玉时代早期也保留了一定的巫玉特征；同样，王玉时代晚期民玉的功能也在上升，民玉时代早期也一定程度上留有王玉的痕迹；甚至是巫玉时代的影子也能在民玉时代有所发现。例如，今天人们的耳饰、项饰和首饰用玉都是红山文化时期巫觋用玉的延伸，不同的是红山文化巫觋用玉是为了礼神，而今天的人们用玉是为了美化生活，完全不具备礼神的功能。

红山文化晚期所处的巫玉时代是一个以玉示神的时代，这个时代与中国古史传说中的黄帝时代相对应，是中华早期文明化进程中一抹亮丽的风景。百万年来，人类走过了玉石分野；万年来，玉器从神玉、王玉到民玉一直走到今天；人类社会也经历了从氏族部落、部落联盟到国家。玉从石而来，作为精神文化的载体，玉始终随着时代社会的变迁不断赋予其新的文化内涵，成为东方文明区别于西方文明的一个显著特征，玉文化已深深根植于中华民族的血脉之中，玉也已经成为中华民族的精神象征。红山文化玉器以其精美的造型和特有的精神价值独树一帜，在中华礼制形成过程中写下了浓墨重彩的一笔。

后　记

　　"红山文化考古发现与研究一百年丛书"《以玉示礼》共分六章：石破天惊、分门别类、物尽其用、鬼斧神工、源远流长、文明初现。在本书编写过程中，红山文化研究院刘颖，赤峰学院2018级考古学本科班常呈荣、梁迪、岳甜婕及2019级考古学本科班王占宇、白芸、程赢参与了部分章节的资料整理、文字校对和图片处理工作，在此表示衷心感谢。

编　者